外国人労働者・移民・難民ってだれのこと？

内藤正典

集英社

外国人労働者・移民・難民ってだれのこと？

目次

第3章　移民と難民はどこがちがうの？　79

第4章　日本はどうやって外国人労働者を受け入れるの？　93

第5章　世界に学ぶ、移民、外国人労働者問題　131

第6章　一〇〇万人のジャーニー・オブ・ホープ　165

はじめに

世界では、
人が国境を越えている!

日本で暮らしているとなかなか気づきませんが、生まれてからずっと同じ国に生きていくことは、今の世界ではあたりまえのことではなくなりました。

二枚の写真を見てください。

どちらも、故郷を離れて他の国、豊かで安全な国に行こうとする人びとの姿です。

第6章で詳しくお話ししますが、この写真の人たちがどんな思いで故郷を離れて、母国を離れて、国境を越えて旅をしているのだろう、と想像してみてください。

少し数字を挙げます。国連の経済社会局（UNDESA）の統計です。二〇一七年、生まれた国とは違う国に住んでいる人の数は、世界で二億五八〇〇万人。世界の人口の三・四パーセントに達しました。

しかし、そのなかで、母国を離れて所得の高い国に移り住んでいる人だけを採《と》ると、二〇〇〇年には九・六パーセントだったのが、二〇一七年には一四パーセントですから、速いスピードで「お金持ちの国」に人が集まってきていることがわかります。

世界では、人が国境を越えている！

上:2015年の難民危機、クロアチアから国境を越えハンガリー西部の野原を進む難民たち　下:2018年、ホンデュラスからアメリカ合衆国を目指す移民キャラバン
上下ともにAFP＝時事

国連の難民高等弁務官事務所（ＵＮＨＣＲ）によると、二〇一七年現在、内戦などで命の危険があるために隣の国や近くの国に逃げた人（後で説明しますが、この人たちを「難民」と言います）の数が二五四〇万人、同じく命の危険があるのですが、他の国ではなく自分の国のなかで、他の土地に逃げている人が四〇〇〇万人、さらに、他の国に助けを求めている人が三一〇万人もいるのです。

全部で六八五〇万人もの人が、深刻な問題を抱えて故郷を追われていることになります。先ほど挙げた二億五八〇〇万人、つまり生まれた国を離れて暮らしている人の数には、この難民（二五四〇万人と助けを求めている三一〇万人）も含まれているのです。決して豊かで安全な国ではないかもしれないけれど、母国の状況よりはまだ良い、という理由で逃げてきた人びとです。

人が生まれ故郷を離れて暮らすということは、昔からありました。気候の変動によって土地が乾燥してしまい、水を求めて移動したとか、外から異民族が侵入してきて追われたとか。人間が物品のように売買された「奴隷貿易」による人の移動も、今で言う国際的な移動の一つです。

「国」という単位が世界中にできてくると、より豊かな新しい生活を夢見て別の国に、国境を越えて動くということが起きます。ヨーロッパから、新大陸と呼ばれた北アメリカやオーストラリアなどに渡った人びと、かつて日本から、北アメリカや中部・南部アメリカに渡った人たちもそうです。

ただし、ヨーロッパの強国によって植民地にされたアジアやアフリカの地域からは、自由に人は動くことができませんでした。宗主国《そうしゅこく》（植民地をもっていた国）は、植民地に特定の農作物などをつくらせて、それをヨーロッパに運んで加工し、莫大な富を得ていました。ですから、植民地から労働者が他の国に移動することを認めませんでした。

第二次世界大戦（一九三九～四五年）は、その後の世界の人の移動に、大きな影響を与えました。戦場となったヨーロッパ大陸では、戦後の復興に必要な若い働き手が不足しました。戦争で命を失った若者たちが多かったために、戦後の経済復興に必要な働き手を、自国だけでは確保できなかったからです。イギリスでも、フランスでも、そして第一次、第二次と、二度の世界大戦で敗れたドイツにとっては、とりわけ労働力の不足は深刻でした。

そこで労働者を他の国から受け入れる政策を始めたのです。一九六〇年代には、かつて植民地だったアジアやアフリカの国々の多くは独立を果たしていました。植民地にされていたことで、貧しい労働者や農民は多かったのですが、イギリスやフランスも、植民地から無理やり奴隷のようにして連れてくることは、もうできませんでした。あくまで、労働者として受け入れるという政策をとったのです。

現在、イギリスには、インドやパキスタンなど旧植民地から移り住んだ人たちが多く暮らしていますし、フランスの場合も、アルジェリアやモロッコなど、北アフリカの旧植民地から働きに来た人びとの子孫が、数多く暮らしています。

敗戦国となったドイツは植民地をほとんどもっていませんでした。そこで、復興のために周辺の東ヨーロッパの国々から働きに来る人を受け入れようとしました。しかし、大きな問題が起きます。第二次大戦が終わってまもなく、ソ連（若い人にはなじみが薄いと思いますが、かつて、今のロシアを中心に成立していた、ソヴィエト社会主義共和国連邦のことです）とその仲間の社会主義の国がひとつにまとまり、西ヨーロッパの自由主義の国々と対立していきます。世界は、自由主義と資本主義を標榜する国々、社会主義と計画経済をかかげる国々に分断され、対立することになりました。これを「冷戦」と言います。

戦後ドイツは東西に分かれ、かつての首都ベルリンが一九六一年に東ドイツ側が建設した壁によって、東西に分断されて以後、人びとの往来はできなくなりました。この分断は、冷戦が終わり（一九八九年）、ソ連や東ドイツが崩壊するまで続きました。

その間、経済を発展させるために、ドイツ（当時の西ドイツ）は多くの外国人労働者を外国から受け入れたのです。このドイツの経験については、第5章で話すことにしましょう。

この本でお話しするのは、今の世界の人の移動、それも、国境を越えて他の国に移動する人たちのことです。冒頭に書いたように、現在、難民や移民をはじめ、長い期間自分の生まれた国を離れて暮らす人びとは、たいへんな数に達しています。

日本にいると、このことに、なかなか気がつかないかもしれません。それには、いくつかの理由があります。

第一に、日本政府は世界で発生している難民を、現在、ほとんど受け入れていません。この点についても後の章で説明しましょう。

二つめは、第二次大戦後の日本が、ぐんぐん経済成長を遂げて豊かな国になったため、貧しさから他の国に働きに行く人が少なかったからです。「移民する」という経験をもっている日本人は、かつてアメリカやブラジルやペルーなど中南米諸国に渡った人たちを除くとほとんどいませんでした。

そして三つめ。戦後の日本は憲法で「平和主義」をかかげてきました。そしてアメリカ軍が基地をもって駐留したため（現在も続いています）、日本が戦争をしかけたり、戦争に巻き込まれたりすることがありませんでした。そのため、日本人自身が命を守るために母国を逃れて難民になるという状況にはならなかったのです。

日本政府はこれまで、それほど熟練を必要としない仕事（単純労働と言うこともあります）をする外国人に、門戸を開いてきませんでした。しかし実際には、およそ一四六万人(二〇一八年一〇月末)の外国人が、労働者として働いているのですが、その多くは、留学生がアルバイト(資格外活動と言います)として働いているか、技能実習生として、技能を身につけることを本来の目的として滞在している人、そして身分に基づく在留資格といって日系人(かつて日本からブラジルなど中南米諸国に渡った移民の子孫)、日本人と結婚した外国人のように定住を認められている永住者などです。

二〇一八年の一一月、政府は急に、働き手が足りないから外国人を労働者として受け入れるという「外国人材の受け入れ拡大」をかかげて、新しい在留資格をつくり、「出入国管理及び難民認定法の一部を改正する法律案」とそれまでの法務省の入国管理局を出入国在留管理庁という役所に格上げする法務省設置法の改正案を、国会に提出しました。この法案は、短期間に、十分議論されることもないまま、一二月に国会を通過してしまいました。

これによって、これからは急速に、私たちの身の回りに、日本に滞在して働き、生活する外国人が増えていくことになります。

私たちはどうしたらいいのか。言葉が十分に通じない、生活習慣がちがう、価値観もちがう人たちと一緒に暮らすという現実が、すぐ目の前に来ているのです。

国境を越えて人びとが移動するという現象が、世界では、ごくふつうに起きるようになっている今、私たちもまた、この現実と向き合わなければなりません。トラブルや衝突をできるだけ少なくして一緒に暮らしていくには何が必要なのか、それを知っておかなければなりません。考え方のちがいがあっても、それが深刻な対立にならないようにするには何が必要なのか、その知恵を身につけておかなければならないときが来ているのです。

第１章

外国人労働者ってどんな人？移民とどこがちがうの？

外国人労働者とはどういう人のこと？

まず、外国人労働者についてお話ししましょう。

外国人労働者というのは、文字通り、海外から働きに来る外国人のことです。後で説明する「移民」とははっきり定義がちがうわけではないのですが、ずっと住み続ける場合には「移民」、比較的短期で働きに来る人を「外国人労働者」と言うことが多いです。「移民」は、家族と一緒に暮らしている場合が多くなります。

外国人労働者には、いろいろと条件がつけられるのがふつうです。たとえば、滞在して働くことができる期間と職種（仕事の中身）が決まっています。それから、滞在できる期間については、更新できる場合とできない場合があります。

建物を建設する作業に従事する場合がわかりやすいのですが、その工事が終わったら帰るという条件で働くことになります。

これまで外国人労働者を受け入れた国では、農業や工業、サービス業など、あらゆる業種でそれほど熟練を必要としない職種で働いてきました。

これは、日本だけではありませんが、農業、手工業に従事する若者が、国内で減少していったことによります。

サービスの部門は、いろいろあります。レストランやホテルの従業員から、医療や介護の現場で働く人、そしてタクシーの乗務員、ビルのクリーニングの仕事をする人などもそうですが、今、人手不足がもっとも深刻な職種となっています。

しかし、モノをつくったり、サービスを提供したりする仕事というのは、仕事を覚えるのに一定の時間がかかりますし、雇う側から見ると、次々に人が替わってしまうのは不便です。

そのため、はじめは比較的短期間の滞在や就労を認められたケースでも、それが延長され、更新されることがあります。日本の政府は、新たに認める外国人労働者について、期間を限るとしていますが、好景気が続き、少子高齢化も続くなら、それは不可能です。

結局は、ずるずると延長して、それでもなお、彼らは定住しているのではなく、一時的滞在の外国人労働者として扱われることになるでしょう。

こうなると何が問題になるでしょう？

外国から労働者を受け入れたどの国でもそうですが、滞在期間が延びると、家族をもつのは当然ということになります。世界的には、家族と一緒に暮らすことは基本的人権として認められています。母国から妻や夫を呼び寄せたり、子どもを呼び寄せたり。あるいは滞在先の国で知り合って結婚し、子どもを授かることもふつうに起きます。

子どもが生まれて六〜七年もその国にいたら、どうなるでしょう？

当然、その子どもは学校に通うようになります。子どもは滞在先の国で学校教育を受けることになり、その国の言葉も覚えるし、考え方も滞在している国の人に似てきます。

しかし、あと二年滞在を延長して良いですよ、それが終わると、また二年滞在を延長して良いですよ、という状態を繰り返していると、だんだん本人たちは不安になってきます。もっとお金は稼ぎたいから、この国に居《い》たい。でも、いつか突然、帰れと言われたらどうしよう、と。

特に、子どもたちの不安は大きくなります。一体自分はどういう人として生きているのだろう？　今、生きている社会は自分を受け入れてくれるのだろうか？　こういう問いとたえず向き合わなくてはなりません。

誰だって不安ですよね。こういう状態のまま外国人労働者とその家族を放置していると、彼らは社会になかなかなじみませんし、参加しようという意識も芽生えません。

いつか母国に帰るのだから、言葉を勉強したってしょうがないよね、住んでいる国の文化を勉強しても意味がないよね。こういう気持ちにもなってしまいます。これは、受け入れる側の社会にとって、良いことでしょうか。

この状態が進むと、同じ国から来た人たちだけで、孤立したコミュニティをつくるようになってしまいます。

それを防ぐため、外国人労働者を受け入れた国は、**長年にわたって滞在を認めるなら、その国の国民とほぼ同じ権利を与えなくてはいけない**、という方向に変わっていきました。これが、**外国人労働者から移民への移行**です。

外国人労働者と言っている限りは、その国の社会になじみなさい、と言っても、当人たちはなかなか聞き入れません。何の権利もないのなら、ただがむしゃらに働いてお金を稼いで、そのお金で母国に家や土地を買って、それを貸して楽に暮らそう、と考えるのは当然です。滞在先の国に投資をしたり、役立つことをしようとは考えません。

「景気の調整弁」としての外国人労働者

短期で働きに来ているだけだからといって、彼らの人権を侵害して良い、あるいは受け入れ国の人には認められている権利を与えなくて良い、ということにはなりません。

働く上での条件、働く場の環境を整えること、労働者としての権利、これらはすべて滞在期間が決まっているか、決まっていないか、長くいるのか、短期間しかいないのか、に関係なく認められなければなりません。

一方、受け入れ国の社会には、すぐに不安がもちあがります。

その一つは、外国人労働者を受け入れると、**受け入れ国の人の仕事を彼らが奪うのではないか、という懸念です。**

外国人労働者は何年かしたら帰国することが条件ですから、限られた期間のあいだに、できるだけお金を稼ごうとしますよね。景気が良いときは雇う側も、わりと高い賃金を払うでしょうが、景気が悪くなったらどうでしょう。

それまでのような賃金は払えない、ときっと言い出します。そして、ここが問題なのですが、雇う側は、「まずは自分の国の国民に、仕事を与えなければいけない。外国人労働者には帰ってほしいんだが、どうしても帰らないのなら、もっと安い賃金で働くかい？」と、外国人労働者に問います。

日本での外国人労働者受け入れについて、国会でのやりとりを聴いていると、政府は、今は日本人と同等の賃金を払うと言っていますが、景気が後退してしまえば、まず間違いなく、この約束は破られるでしょう。これまで外国人労働者を受け入れてきた国では、どこもそうだったのです。

しかし、自国の労働者を優先します、という雇用者の声も、真《ま》に受けてはいけません。雇う側は、その国の人を大切にするかのように言いますが、本当は**もっと安く働いてくれる、外国人労働者のほうが良いのです**。

次には自分の国の労働者に向かって、「高い給料を欲しいのなら辞めて、他所《よそ》に行ってもらってもいいんだよ、安い働き手なら外国人にいくらでもいるからね」と言い出します。

外国人労働者が「景気の調整弁」として使われる、というのはこういうことです。

外国人労働者を受け入れるということは、単に人手不足を解消するためではなく、受け入れた国の労働者の賃金も、押し下げてしまう危険をともなうのです。

景気というのは良くなったり、悪くなったりするものです。今の日本は、政府が国内にお金をどんどんあふれさせる政策をとってきたため、見かけ上は景気が良いように見えますが、すでに日本人の中にさえ、豊かな人と貧しい人の格差は広がっています。国の中にお金があふれている限りは、それでも、賃金は上がりますが、いつまでも続くはずはないのです。

今は景気が良くて、働き手が足りないからと、政府が言うように、今後五年間で最大三四万五〇〇〇人も外国人労働者を受け入れて、もしも五年経《た》たないうちに、何かの拍子に経済危機が起きたらどうするのでしょう？

たとえば、中国の景気がひどく悪くなったら、日本から中国への輸出が減少します。そうなると、中国向けに輸出するモノをつくっている日本の会社は、業績が下がります。そういう会社はたくさんありますから、結果として日本の景気も悪化します。景気が悪化すると、企業は働き手を減らそうとします。仕事にあぶれる労働者が出てきてしまいます。

政府は、外国人労働者が余ったら受け入れを止める、と言っていますが、すでに日本で合法的に滞在し働いている人たちを、即座に帰すことはできません。

なぜなら、今の経済は、世界中がつながって成り立っています。日本のような先進国で景気が後退するときは、外国人労働者の母国の景気も悪くなっていることが多いのです。経済的にもっと弱い国から来ているわけですから、いくら日本の景気が悪くなって賃金が下がっても、母国に帰るよりはまだ良いということになります。だから彼らは帰りません。

それに、無理やり帰国させることができるでしょうか？　少なくとも、あと何年か滞在できるという許可を得ている人を強制的に帰国させるのは、ほとんど不可能です。そんなことをしたら、彼らはいっせいに、日本の裁判所に訴えることになるでしょうし、少なくとも、裁判の結果が出るまで、帰国させるわけにはいきません。

外国人労働者の権利と労働組合

労働者の権利を守るためにある労働組合は、基本的に外国人労働者の受け入れには、反対の姿勢をとることが多いのです。

労働組合は、同じ労働者なのだから、外国人労働者に対して同情的になるのでは、と思われがちですが、一時的にしか滞在しない労働者の権利を真剣に守ろうとする労働組合は少ないようです。

労働組合は、外国人労働者によって自分の国の国民の仕事が奪われると主張しますし、そうすると労働組合が支持している政党も、外国人労働者には冷たくなりがちです。現実的には、一時滞在の外国人労働者から、永続的に滞在する移民に変わっていくなかで、ようやく同じ労働者として権利を守ろうということになっていくのが普通です。

日本人にこういう説明をすると、彼らは外国人だから権利の制限は当然だ、と考える人が多いようです。

しかし、**外国人労働者にも権利があります**。特に、労働者としての権利は、受け入れ国の人と平等にする必要があります。

そして、生きていくために必要な権利、つまり基本的人権については、差別してはいけないというのが大原則です。

たとえば医療です。日本は国民皆保険制度をとっていますから、病気になったとき、私たちは健康保険を使って医療を受けられます。外国人労働者が、それと同じ条件で医療が受けられないということは、絶対に許されないことなのです。

第二に、給料に格差をつけていいのか。

ここへ来ると曖昧《あいまい》になります。日本人とは同じ給料は払えない、安い賃金で働いてくれるから雇う。経営者は外国人労働者に、そう期待するはずです。日本人がどうしてもやりたがらない業種では、そこそこの給料を払うと思いますけれど。

日本政府は、日本人と同じかそれ以上の賃金を払うことを原則とする、と言っていますが、そのことを法律に書いたり、違反したら罰するという規定をつくったりはしないでしょう。日本人と同じ賃金を払っても成り立つ、引き合う業種しか、そんなことはできないからです。

一九六〇年代に外国人労働者を受け入れたヨーロッパでは、現在、賃金格差は原則として認めていません。その国の労働者と、同一賃金にしなければいけません。

ただ、ヨーロッパでも、最初はルールを決めていませんでした。

一九七〇年代の初めのころ、スウェーデンでは工場が身元引受人になりさえすれば、外国人も働くことができました。そのころは、その工場ごとに給料を決めていて、別に同一賃金にしなければいけない、というルールがあったわけではありません。

旧西ドイツでは、最初から労働者を送り出す国と、受け入れるドイツ政府とのあいだで約束を交わしていたので、賃金や身分について格差がつくことはないはずでした。しかし、戦後復興に必要だった鉱山（石炭など）、鉄鋼業、造船業などの分野で働く外国人労働者の労働条件は、決して良いものではありませんでした。作業の安全面がないがしろにされて、ずいぶん危険な作業をさせられていたことが指摘されています。

税金と社会保険料は？

税金はどこまで課せるのでしょうか。ふつうは外国人も滞在先の国でお金を稼ぐと所得税を払いますし、買い物をすれば消費税（国によっては「付加価値税」と言うこともあります）も払います。税金を納める義務については、その国の国民と一定期間居住する外国人には、あまりちがいをつくらないのが一般的です。国の収入ですからね。

しかし、払った後で給付されるお金となると、必ず議論になります。一つは健康保険、もう一つが年金です。

健康保険については、日本では国民皆保険制度をとっているため、保険なしで医者にかかると、とんでもない金額になってしまいます。これは、誰でも病気やけがの可能性があるので、外国人労働者でも保険料を納付しているなら、給付されて当然ということになります。

難しいのは退職後に給付される年金です。日本の年金というのは、かなり長期にわたって保険料を払わないと、まとまった金額をもらえない仕組みになっています。短期間しか滞在も納付もしていない人に年金を受け取る権利はあるのか、という議論です。しかし、払った分をもらえないというのは、外国の人には通用しない論理です。

それなら、五年間の納付ではもらえないけれど、十年払えばもらえるというように、年数で区切る方式ではどうか、ということになってきます。

当然ですが、外国人労働者のほうは、それなら、在留期限の五年を超えても、納付を続けて、もらえるようになるまでの年数は日本に居よう、ということになります。

超高齢化社会になっている日本では、年金を受け取る人が増えているのに対して、保険料を払って年金制度を支える側の、若い人の数は減っていきます。日本人でも、この構造がどうせ変わらないだろうと思って、保険料を払わない人が増えています。

政府としては、保険料を徴収しないとこの制度は成り立ちませんから、できることなら外国人労働者からも取りたいところです。

もし、外国人労働者からも保険料を徴収したいのなら、彼らに長く居てもらうことが前提になるでしょう。

五年だけ働いていいですよ、その五年間は保険料を払ってくださいね、それで母国に帰りなさいね、将来、年金はもらえませんが……そんなことは通用しませんね。

外国の例では、たとえばトルコ人がドイツで三〇年働いて、退職したとしましょう。当然ドイツで年金の保険料を払っています。トルコ人はそこで、国に帰るとなったときに、どうするか。

トルコとドイツは、両国政府間で合意していて、年金をトルコで受け取っても、不利にならないようにしてあるのです。年金の相互の受給に関する協定のようなものです。

ドイツ側は、働かなくなった移民には帰ってほしいと思っています。トルコに帰っても、年金で損することはありません、と言います。トルコ・リラは変動が激しく、下がっていく可能性が高いですから、ユーロ建てでもらうと有利です。だからトルコにお帰りなさい、とドイツ政府は言ってきました。

ところが、トルコ人は必ずしも帰りたくないのです。医療はドイツのほうが安いし、質が高いからです。トルコも今、医療の水準は高くなったのですが、高度な医療を受けようと思うとお金がかかります。高齢化してくるにつれて、医療や介護は切実な問題になりますからドイツのほうがいい、となる。

それに、移民たちの子や孫はドイツで生まれ育っていますから、母国に帰るつもりはありません。家族が別れ別れに暮らすのはつらいことですから、親も帰りたくない、となるわけです。

そこにドイツは、六カ月以上母国に戻ると、ドイツへ戻ってくる権利を失うという条件をつけましたから、なおさらです。

消費税はどうしましょうか？　消費税というのは、福祉のためなどに使うことになっていたはずです。日本国民なら、さまざまな形で福祉の恩恵を受ける可能性がありますから、これを払うのもわかりますが、将来にわたって日本に暮らす見込みのない外国人にも払わせるのであれば、相応の理由が必要かもしれません。

しかし、私たち日本人も外国に旅行したとき、免税店でない限り、日常的な買い物や飲食では消費税にあたる付加価値税などを支払いますから、短期滞在だからといって、外国人に対して消費税は免除できるかと言えば、それはやはり、無理でしょうね。

このように、税金、特に所得税とか消費税は、外国人も払わなければいけないのがふつうです。でも、その税金が何のために使われるものなのかは、滞在期限を決められている外国人労働者にも説明が必要でしょう。

裁判を受ける権利

もう一つ大事なのが、裁判を受ける権利です。罪を犯した、あるいは交通事故の当事者になったとします。証言しなければいけないというときに、これは日本でもすでにやっていますけれども、司法通訳や法廷通訳をつけて、ちゃんと母語で陳述ができる権利を保障しなければいけないことになっています。

ところが、日本の現状を見てみると、日本が外国人労働者を受け入れる相手国の数が多すぎるのです。日本では、どの国から受け入れるかを決めて、何人受け入れるという制度になっていないのです。こうなると、警察での取り調べから、法廷に立つときにも、母語で裁判を受ける権利が保障されるのはひどく難しい。しかし、裁判制度というのは、たとえ外国人が関与したケースであっても、平等に裁判を受けられる、というのが大原則です。

外国人労働者を受け入れてきたヨーロッパ諸国のケースでも、言葉の壁の問題は本当に深刻です。旧西ドイツなどは、それでも、受け入れる国と送り出す国のあいだで協定を結んでいましたから、裁判時の通訳もドイツ側で用意しなければいけないことになっていました。相手国をきちんと決めないで、ずるずると労働者を増やしていこうとする今の日本の方針は、将来起こりうる問題を直視していないと言わざるを得ません。

移民とは誰のこと？

移民というのは、定義が難しいのですが、ここでは外国人労働者の発展系としての話をします。

前に触れたように、外国人労働者と比べて、移民は、その国にずっと長く居る人たちです。それから、必ずしも働き手だけではないということです。**家族と一緒に定住した人たち**のことを、その家族もふくめてふつう**移民と定義します**。

外国人労働者と言う場合、労働者本人を指しているわけですから、家族を一緒に連れてきていいのか、という問題がありますが、移民の場合には、家族が一緒というのが前提です。これはどこの国でも同じです。

その理由は、永住する可能性がある人だからです。永住するのに、生涯結婚してはいけない、子どもをもってはいけないなんて、そんな非人道的なことは、どこの国も言えません。

家族のなかでも、特に子どもは働き手ではありません。そういう人も含めて受け入れる場合、その人たちを「移民」と言います。

ただ、日本語の「移民」という言葉が非常に厄介なのは、人を指すときと、長く海外に行って生活すること、そのどちらも「移民」と言うことです。「移民する」とも言いますし、「○○系の移民」（○○には、母国の国名が入るのが普通です）という言い方をする場合もありますね。

英語では、人を指すときは migrant、移動、移住を指すときは migration になります。入ってくる移民は immigrant、出ていく移民は emigrant というように、細かく言葉が分かれているのですが、日本語では区別されていないのです。

日本では従来、日本からアメリカや中南米諸国など外国に働きに出て行った、あるいは移住した人のことを「移民」と呼んでいたからです。そして、外国から、「移民」を受け入れてこなかったためなのです。

かつて、日本が朝鮮半島を植民地として支配したときに日本にやって来た人たちがいますが、植民地支配という、力で相手国を統制する状況下で強制的に移動させられた人びとについては、通常、「移民」という言葉は使いません。移民と言う場合、少なくとも自分の意志で外国に移り住む人を指します。

移民として認められる、受け入れられると、外国人労働者よりも**権利と義務が広がる**ということになります。つまり、よりその国の国民に近づくのです。

移民になったら政治に参加できるか

ここでひとつ、大きな問題が生じます。ずっと住んでいたら、その国の政治に参加する権利も得られるのか、という問題です。

このとき「国民」という考え方が出てきます。国民の権利と義務という考え方からすれば、国民ではない人に、選挙権や被選挙権を与える必要はないことになりますね。

そんなこと、当然じゃないかというと、そうでもないのです。

一九九五年二月二八日に日本の最高裁判所は、外国人参政権について判決を言い渡しています。永住権をもつ外国人が、参政権を求める訴えを起こした裁判に関してです。

判決は、日本国憲法では、公務員（議員も含みます）を選んだり、辞めさせたりするのは、主権者である国民固有の権利だとしているので、外国人に参政権はないという主旨です。したがって原告の訴えは退けられました。

他方で、憲法第九三条二項で、地方公共団体（都道府県や市町村など）の長、議会の議員などは、地方公共団体の「住民」が直接選挙することが定められています。

そこで最高裁は、永住者などの外国人の生活に密接に関連する地方公共団体については、日常的な事柄《ことがら》については「住民である外国人」の意見を反映させる可能性を否定しませんでした。判決の後半は「法律をもって、地方公共団体の長、その議会の議員等に対する選挙権を付与する措置《そち》を講ずることは、憲法上禁止されているものではないと解するのが相当である。しかしながら、右のような措置を講ずるか否《いな》かは、専《もっぱ》ら国の立法政策にかかわる事柄であって、このような措置を講じないからといって違憲の問題を生ずるものではない」となっています。別の見方をすると、税金を払っているのに、国の政治または身近な政治も含めて、何にも言う権利がないというのはおかしいじゃないか、という声自体をただちに否定できるものでもない、としたことになります。

この判決は、多くの議論を呼びましたが、国が外国人参政権を認める法律をつくるなら、それが憲法違反とは言えないとしただけで、現状では、そういう法律はありませんので、やはり地方でも国政でも、日本は外国人に選挙を通じた政治参加は、認めない立場をとっていることになります。

世界を見てみると、オランダ、スウェーデン、デンマーク、ノルウェーなどは、一定の条件を満たした移民に対して、生活に身近なところで深く関係する地方議会の選挙について、選挙権を認めています。

しかし、同じヨーロッパでも、半世紀前から外国人労働者を受け入れているドイツやフランスは、外国籍のままでの政治参加は、地方選挙も国政選挙も認めていません（EU加盟国に限り、条件付きで地方選挙への参加は認めています）。

イギリスは、かつて植民地として支配した国々、今はコモンウェルス（英連邦）と呼んでいますが、そこからイギリスに来て長く住んでいる人に対しては、地方と国政への参政権を認めています。

アメリカは国籍をもたないと、一部、市町村レベルを除き、大統領や議会選挙での選挙権も被選挙権も認めません。永住権を意味するグリーンカードでは、参政権は得られません。ニュージーランドでは、一定の条件を満たせば外国人であっても、国政、地方両方の選挙権が与えられています。

韓国では、永住権をもっている外国人には、地方の選挙権のみ（被選挙権なし）認めています。

このように、国際的に見れば、外国人の政治参加は、必ずしも否定されているわけではないのです。

日本では、選挙権や被選挙権が欲しかったら帰化すればいいじゃないか、日本人になれ、という考え方が強いように思いますが、これはあたりまえのことではないのです。

権利と義務と重国籍

日本国籍を取ると、日本国民と同じ義務と権利が発生します。ここでも、また別の問題が出てきます。二〇一七年にも、国会議員が二重国籍をもっていて良いのか、と話題になりましたね。

日本の法律では二重国籍を認めていません。これは、日本に外国から入ってきた人についての話です。

では、日本から出て、別の国の国籍をもっている人は、というと、実はそういう人はいます。でも、彼らがみな日本国籍を離脱したかというと、必ずしもそうではありません。法律上は重国籍（二つ以上の国籍をもつこと）を認めていないのですが、罰則はないのです。

どうして罰することができないかというと、把握が難しいからです。たとえば日本からカナダに渡って、カナダの国籍を得たとします。カナダの場合、これまでは移民の帰化は比較的容易でした。

申請の際、原国籍、この場合は日本の国籍ですが、それを離脱したことの証明をもってきなさい、という国の場合は、その人が日本国籍を離れることになりますから、日本側でも重国籍の問題は生じません。しかし、カナダでは原国籍からの離脱は、国籍を得るための条件にはなってはいません。つまり重国籍でもいいのです。

そういうわけで、日本の法律上は違法になりますが、実態として二重国籍者になることはできるのです。

移民の場合、基本的には、滞在に期限がついていても、それを何度も繰り返し延長できる場合と、永住権（Permanent Residency）を与えられる場合があります。

誤解してはいけないのは、**永住権と国籍は別**だという点です。永住権というのは、あくまで外国籍のままで、その国にずっと住み続けていいですよ、という権利です。

なぜ、そのように分けるかというと、これは滞在する国での権利をどこまで与え、義務をどこまで課すかについて、細かい規定があるためです。

滞在が長くなるにつれて、義務と権利両方とも増えていきます。それでも、国籍を取得しないと得られない権利、課されない義務があります。

義務のほうで言うと、兵役の義務があります。義務としての兵役を課している国は必ずしも多くありませんが、場合によると戦争に行くわけですから、国家に忠誠を誓《ちか》う行為であり、国籍をもっていない人にはこの義務は課せません。二重国籍の人の場合、今、住んでいる国と母国の両方に徴兵制度があれば、二つの国で兵役を務めることになります。二つの国に忠誠を誓うというのは、現実には難しいので、それが二重国籍を認めない根拠とされたこともあります。

外国人が増えると治安が悪くなるのか

外国人労働者が増えると、必ず出てくる声のなかに、彼らが増加したせいで犯罪が増えた、というものがあります。日本でも言われましたし、今後も必ず出てくるでしょう。

この問題には、当たっている面と、見当違いの面があります。第一に、**外国人労働者が罪を犯しやすいということはありません。**彼らはお金を稼ぐ目的で日本に来るわけですから、犯罪に手を染めて捕まってしまえば、勾留され、起訴されます。裁判にかけられて有罪になれば、罰金を払わされたり、服役したり、強制的に国外退去となるのです。それでは元も子もありませんから、ふつう、そんなことはしません。

しかし、人が増えれば、それだけ犯罪の件数が増えることも確かです。まして、日本の外国人労働者受け入れ政策というのは、あまりにずさんで準備が不足していますから、いろいろなことに不満をもった外国人労働者が犯罪に走ったり、犯罪組織とつながってしまうことは、十分に想定できます。

一九八〇年代半ば以降、外国人労働者が増えたときに何が起きたのでしょうか。当時の日本は「バブル景気」と言われていて、賃金が上昇し、不動産の価格が高騰し、にわかに金持ちになった人が増えていました。そのため、中小企業の製造業だけでなく、サービス業でも人手不足が深刻でした。そこに、バングラデシュやパキスタンなど、アジアの貧しい国の人たちが働きに来たのです。ただそれだけのことです。

しかし、当時の日本政府は、人手不足を補うために彼らが働いていたことを知っていながら、「不法残留」「不法就労」は犯罪だというキャンペーンを張って、外国人労働者と犯罪を結びつけてしまいました。

ここで一つ、興味深い資料を紹介しましょう。昭和六三年（一九八八年）三月三日付け、法務省入国管理局による「昭和六二年中における入管法違反事件の概況」という文書です。

　逐年、著しい増加を見せている入管法違反事件は、昭和六二年に入っても衰える気配はなく、同年中に摘発した人員は、前年比三、五五六人（三三・六％）増の一四、一二九人に上り、五年前の同五七年（三、八一四人）と比較し、約三・七倍に達した。これは、従来からの「ジャパゆきさん」[注]による違反事件の増加に加えて、フィリピン、パキスタン、バングラデシュ等のアジア諸国から入国した「男性不法就労者」による違反事件が首都圏を中心に急増していることが最大の原因となっており、最近ではこの種「男性不法就労者」の入管法違反事件の激増が焦眉の課題となっている。（注：「ジャパゆきさん」とは、アジア各国から出稼ぎに来た女性のこと。労働者だけでなく売春の強要など人権を侵害されるケースが多く、一九八〇年代に社会問題となった）

　違反事由別に前年と比較すると、不法入国（密入国し、あるいは偽造旅券等を行使して入国した者）は、五四二人……（中略）……資格外活動（観光資格等で入国して他の資格に属する活動を専ら行っている者）は、三七二人で二三人（六・六％）増、不法残留（許可された在留期間を徒過してなお滞在する者）は、一二、七九二人で三、五七七人（三八・八％）増……（中略）……最近の傾向ではあるが、不法残留が著しく増加している。

不法残留のうち、在留期間が到来しても稼働を目的に故意に居座り不法残留するという資格外活動がらみのものに限ってみると、三、一五三人（四〇・五％）増の一〇、九三五人であって、この種事案が突出した増加を示している。（太字は筆者）

日本政府、特に法務省は、滞在期限を過ぎているのに日本に居る外国人を「不法残留者」、観光などで来日したのに働いている外国人を「不法就労者」と呼んで、完全に犯罪者として扱っています。法律的にはそれで正しいのです。

ここで考えてみる必要があります。そも

入管法違反事件引渡し・引継ぎ件数の推移

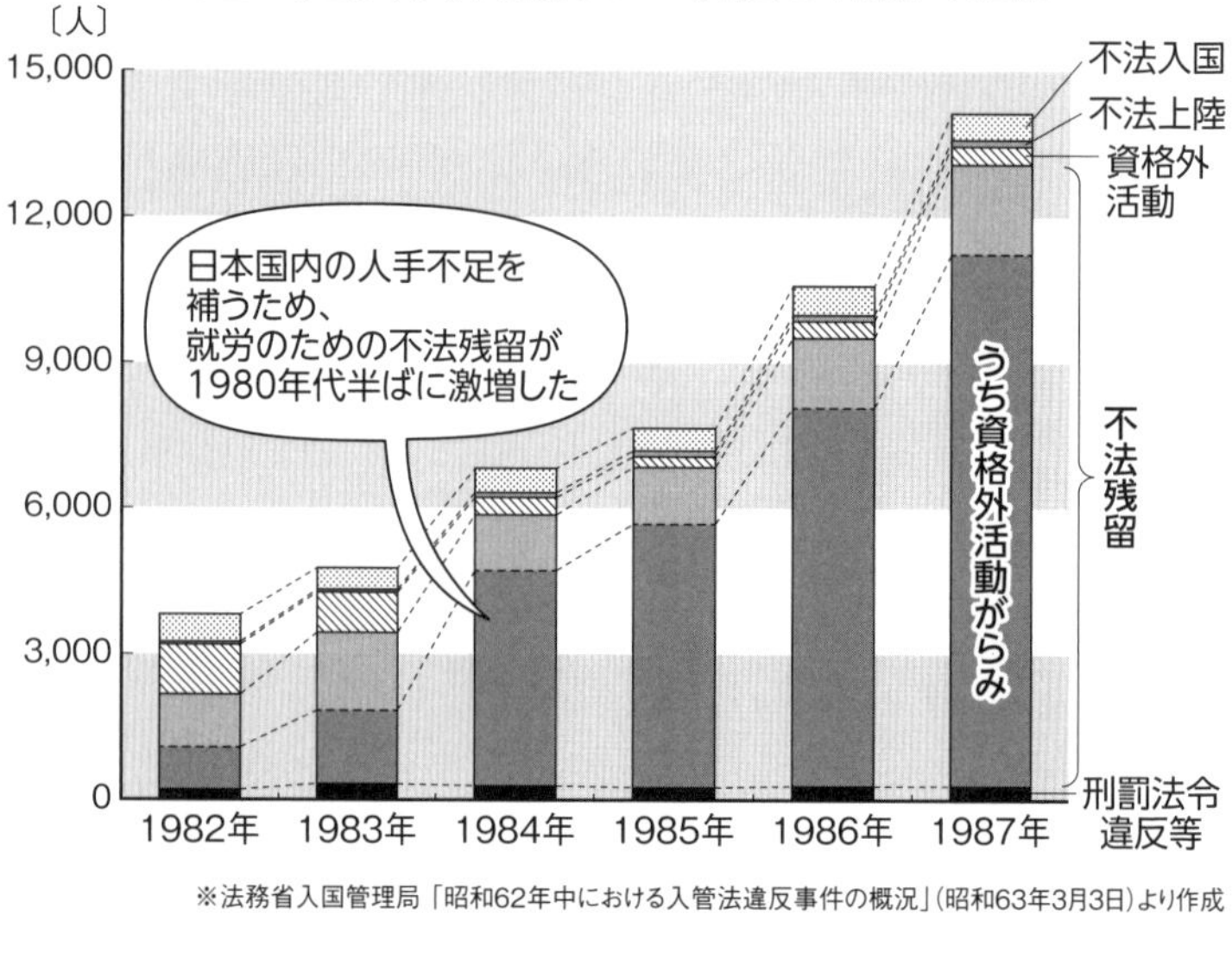

※法務省入国管理局「昭和62年中における入管法違反事件の概況」（昭和63年3月3日）より作成

そも彼らは、働き手が不足していた、中小の工場やサービス業などで働いていたのです。彼らを雇う必要が、日本の側にあったことは間違いありません。

しかし、政府が不法残留者、不法就労者だと言ったために、彼らは次第に、工場などで働くことができなくなっていきました。

ここに挙げた入管法違反事件の「違反事由」に、「資格外活動」という項目があります。もちろん、観光や留学で来ているのに働いたら、それは違法です。しかし、後で説明しますが、三〇年後、現在の日本では「資格外活動」は一定の条件で「合法」になっています。これは、本来の資格とは違うけれど一定の時間までなら働いてもいいですよ、という意味で、大半が留学生のアルバイトのことなのです。

三〇年前には、入国管理法違反という犯罪に数えられていた「資格外活動」が、今は外国人労働者の「在留資格」のなかにも入っているのです。

この文書が出された一九八〇年代の後半、イランはイスラム革命（一九七八～七九年）が起きた後の混乱で経済は低迷し、多くの人が貧しい状態にありました。バングラデシュやパキスタンの人たちから少し遅れるのですが、九〇年代に入ると、ビザなしで渡航できた日本に来て、働こうとする人が急増しました。

ですから、彼らの来日の動機は、もちろん犯罪などではありませんでした。しかし、イランから来て滞在期限が切れ、オーバーステイ（不法滞在）の形で働いていた人たちのなかに、偽造テレホンカードを売るという犯罪に加わった人たちがいました。

テレホンカードは、今はほとんど使われなくなりましたが、当時は携帯電話が普及していなかったので、母国の家族と連絡を取る手段は、公衆電話しかありませんでした。国際電話は料金が高くて、コインを入れるのも大変でしたし、テレホンカードというのは手軽で、外国人労働者になじみ深いものだったのです。

たぶん、そのことが背景にあって、偽造テレホンカードが流通するようになったのでしょう。それをつくったのは日本の犯罪組織ですが、売人たちの多くがイラン人でした。

駅の近くなどでふつうに売っているのを、私も目にしたことがあります。その当時、しょっちゅう新聞などで報じられましたから、イラン人というと偽造テレホンカード、というイメージが定着してしまいました。

しかし、だからイラン人は危ない連中だ、彼らは犯罪を起こしやすい傾向にある、と言えるでしょうか？　私は、彼らが安心して働ける状況になかったことが、一番の原因だと考えています。

逆に、今の制度設計では、ほぼ確実に起きると思われる犯罪があります。それは、偽装結婚です。今、政府が考えている「特定技能1号」という就労資格では、家族を連れてくることを認めていません。現在「技能実習生」として働いている人の多くが、特定技能1号というカテゴリーで働き続けることが予想されています。もちろん、技能実習生も家族を連れてくることができません。

彼らが期限いっぱい働くとなると、合計で一〇年ものあいだ、事実上、母国の人と結婚も、家族と暮らすこともできないことになります。実際、若い技能実習生に「恋愛禁止」とか「妊娠したから強制送還する」という、人権を無視したルールを押し付けていた企業もありました。

こうなると、彼らは日本人と結婚するチャンスを得ようとします。日本人と結婚した場合、「特別在留許可」といって、期限を定めずに日本に住むことができるようになります。そこに目をつける人たちが必ず出てきます。ブローカー（仲介業者）あるいは犯罪組織が、偽装結婚の相手をみつけて婚姻届を出してやる代わりに、外国人労働者からお金を受け取るという商売が生まれます。

これは何も空想的な話ではなくて、ドイツをはじめヨーロッパ諸国でも起きたことなのです。

ドイツの場合、外国人労働者問題を扱う警察があって、外国人労働者のアパートに踏み込んで、本当に結婚しているかどうかを調べていました。二人で生活している証拠を見せなくてはいけないので、必要なものをペアでそろえ、歯ブラシは必ず二本用意しておく、という話を、現地の外国人労働者から聞いたことがあります。

最後に、罪を犯し、裁判で有罪になった場合のことも、考えておかなければなりません。どのような刑を受けた場合に、国外退去になるのか。どのような刑を受けた場合に、滞在許可の延長ができなくなるのか。永住権取得の権利がなくなるのか。重罪の場合には、永住権を取り消すのか……考えなければならないことは山積みです。

外国人労働者か、移民か

今、日本が進めようとしている「外国人労働者」の受け入れに、もっとも近い形をとったのはドイツ（かつての西ドイツ）で、一九五〇年代から受け入れを始めました。急に数が増えるのは、一九六〇年代になってからのことですから、もう六〇年も前の話です。

ドイツでは、景気が悪くなるたびに、国内に外国人労働者が多過ぎるから何とかしよう、という話になりました。外国人労働者のことをGastarbeiter（ガストアルバイター）と呼んでいました。「ガスト」は英語の「ゲスト」です。アルバイターはアルバイトと同じ語源で労働者の意味ですから、ゲストのワーカーということです。

ガストというのは、ゲストかレギュラーかと分けたときのゲストです。テレビ番組でも、レギュラーはずっと出ている人、ゲストは一回しか出ない人ですね。だから、ガストアルバイターというのは、一時的に居る人だと言っているわけです。お客様として大切にお迎えしよう、という発想ではありません。

ドイツの場合、三〇年以上もそう言い続けたのです。彼らがもう帰国することはないだろうと、ドイツ社会が納得するのは、二一世紀に入るころです。

どうしてそんなに時間がかかったのかと言えば、ドイツには血筋で受け継がれる「ドイツ人」以外の人びとを、社会や国を構成するメンバーとして受け入れる、という理解がなかったからです。意外に思われるかもしれませんが、ドイツでは第二次世界大戦後も長い間、ドイツ人の血をひく人がドイツ人だという考え方が強かったのです。

九〇年代まで、保守系の政党は「ドイツは移民国ではない」と言い続けていました。二〇〇〇年代に入るころになってようやく「ドイツは移民国か、そうでないか」という観念的な議論をしても意味がない、という流れになっていきました。

最初に「外国人労働者」として受け入れた人たちは、もう母国には帰らないのだから社会の一員として認めざるをえない、そのことに気づいたときには四〇年も経っていたということです。

しかし、二〇一〇年ぐらいから、ふたたび、ドイツとは何か？　ドイツが外国人に侵食されていいのか？　というような議論、アイデンティティに関する議論が再燃しています。

日本も、日本人の血筋を受け継ぐ人が日本人だという考え方をもっていますので、今後、外国人労働者の受け入れを進めたとき、ドイツと同じ経過をたどることになるだろう、と私は思っています。

第２章

難民ってどんな人？

日本人も目にした難民の悲劇

トルコからエーゲ海を渡ってギリシャに逃れようとした、シリア難民の家族がいました。その三歳と五歳の男の子が溺死して、遺体がトルコ側に漂着した写真を目にしたことがありませんか？　二〇一五年九月三日のことでした。

この写真で、シリア難民が大変な悲劇に見舞われていることを知った日本人は、多かったのではないでしょうか。新聞では、写真に写っていた三歳の、アラン・クルディ君という子の悲劇だけが、切り取られるようにして報じられました。

しかし、その後もシリアの戦争のニュースは時々報じられましたが、どうしてそういう悲劇が起きたのかは、なかなか報道されませんでした。

二〇一五年に、トルコからギリシャの島に渡ろうとした難民の中で命を落とした人は、おそらくですが、七〇〇〇人ぐらいに達していると言われています。

おそらくとしか言えない理由は、数がわからないからです。なぜわからないかというと、彼らはすべて密航だからです。密航は、港から出国の手続きをして出ていくわけではないですから、正確な数字を誰も把握できないのです。そして、このような危険な密航は二〇一九年になっても、数は減りましたが、まだ続いているのです。

ボートで密航する難民たち

トルコ一国で抱えているシリア難民の数は、最新の数字（二〇一八年）で三五七万人（トルコ政府発表）。この問題の原点は、シリアという国で内戦が二〇一一年から続いていて、まだ終わらないことです。

シリアの北に接している国がトルコです。西隣がレバノンで、南がヨルダンという国ですが、難民はトルコに三五七万人、レバノンはもっと国が小さいのですが一〇〇万人。ヨルダンにおよそ七〇万人います。

戦争をやっているところから逃れてくるわ

中東の国々

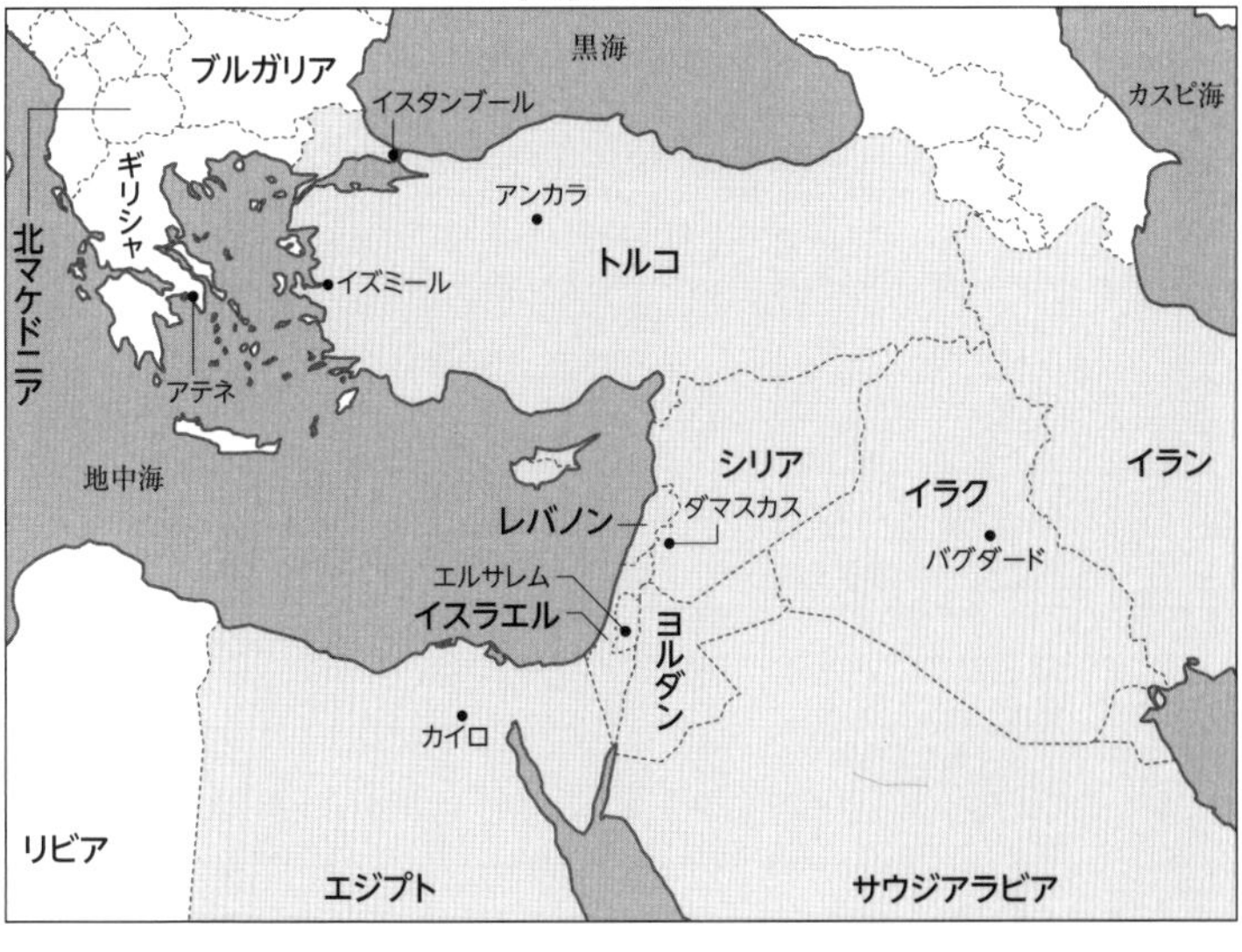

けですから、隣の国に最初に行きます。しかし隣の国といっても、トルコもレバノンもヨルダンもそれほど豊かな国ではありませんから、もっと豊かなところに行きたいと、誰でも思うわけです。

そして二〇一五年、袋いっぱいに水を入れたため、ついに袋が破けて水が流れ出してしまったかのように、難民たちがトルコからヨーロッパに向かったのです。

トルコはヨーロッパに接しています。接していると言っても、一部陸続きのところはありますが、陸路ではほとんど行けません。

なぜかと言うと、陸路の場合は、トルコとギリシャ、ブルガリアとの国境地帯は双方の軍が管理していてフェンスが張ってあり、越えることが難しいからです。もちろん、幹線道路や鉄道はありますから、ちゃんとパスポートやビザをもっていれば国境を越えるのに、なんの問題もありませんが。

海にはフェンスは張れませんから、イズミール（トルコの西にある都市）に難民たちが集結して、そこからブローカーが、ボートに乗せてギリシャ領の島に密航させました。「密航」ですから、パスポートをもって、出国手続きをしたわけではありません。

彼らはシリアで家を破壊され、家族の命を奪われた人たちです。隣の国に命からがら逃れて

Milliyet
BASINDA GÜVEN
www.milliyet.com.tr
3 Eylül 2015 Perşembe 1 TL
KKTC satış fiyatı 2 TL

UTAN DÜNYA!

Akdeniz'de, Ege'de; İtalya, Yunanistan, Makedonya, Macaristan kapılarında aylardır tarihin en büyük dramlarından biri yaşanıyor. Türkiye dışında savaştan kaçan mültecilere kucak açan tek ülke yok

Umut tacirleri küçücük bedenleri ölüme taşıyor. Son olarak 3 yaşındaki Aylan'ın cansız bedeni vurdu sahile, 5 yaşındaki kardeşi Galip'le birlikte. Artık dünya utanmalı ve insanlık ayağa kalkmalı »17'de

● Fotoğraf: Nilüfer Demir DHA

Neden yayımladık?

Suriyeli minik Aylan'ın sahile vurmuş yürek parçalayan fotoğrafı dünya basınını ikiye böldü. Bazıları bu fotoğrafı olduğu gibi yayımlarken, bazıları buzlayarak kullandı, bazıları ise kullanmamayı tercih etti. Milliyet Yazı İşleri olarak biz de insanın boğazını düğümleyen bu kareyi tartıştık. »17'de

アラン・クルディ君の悲劇を一面で報じたトルコ紙。見出しには「世界よ、恥を知れ!」と書かれているきて、そこで何年かを過ごしても、隣国もいつまでも彼らを支え切れません。ヨーロッパ諸国と言えば、人権、民主主義、自由を尊重する国々だということは、彼らも知っていますから、そこに行こう、ということになりました。じゃあ、どこから行くかとなったときに、レバノンやヨルダンからでは遠過ぎるので、トルコのイズミールまで来て、そこからエーゲ海を渡ってギリシャの島に向かったのです。

あいまいな区別

アラン・クルディ君の遺体が浜辺に打ち上げられたとき、メディアは一斉にその家族のことを「難民」と報道しました。しかし二日か三日経つと、「移民」という言葉に変わっていました。「難民」と「移民」とは、日本語でも言葉が違いますが、英語でも別です。難民は refugee で、移民は migrant です。

どういうことでしょうか。

「難民」、「移民」、「外国人労働者」は、本来、別の人たちを指しています。しかし、なぜそれがごっちゃにされるのかということも含めて、この問題を考えないといけません。

人のグローバル化が進むにつれて、こういう現象は必ず起きます。けれどもその元になる考え方として、どういうことを知っておかなければならないか、その点が世界中で共有されていないのです。

難民は生命の危険があるから他の国に逃れた人ですから保護しなければなりません。移民は自分の意志で外国から来て働いている人とその家族です。外国人労働者も自分の意志で、外国から来て働いている人です。単純に言えばそうなのですが、実際には、難民なのか、移民なのかを区別しにくいことがいくらでもあります。戦争中の国から出てきた人の場合、母国で迫害を受けて殺されそうになったと言えば、難民の可能性が出てきますが、その話が真実かどうか、確かめるのが難しいのです。

移民と外国人労働者の区別もそうです。彼らはいつか母国に帰るのだから「外国人労働者」だろうと言っているうちに何十年も経ってしまい、事実上、「移民」になっていたと、後になって認めたケースもいくらでもあります。

難民については、いかに気の毒で悲惨な生活を送っているかを書いた本なら、日本にもたくさんあります。そして、ふつう難民の問題を扱う専門家は、移民のことを扱いません。移民の問題は、何十年にもわたって追跡しないと書けませんから。

イギリスのメディアでも、アラン・クルディ君の遺体の写真を最初に載せたときは「難民」

と言っていたのですが、その後「移民」に、表現が変わっていきました。

当時、ヨーロッパ諸国にはシリアだけでなく、アフガニスタンやイラクからも人が殺到していました。多くの場合、命の危険があって戦争や紛争を逃れてきたのですから「難民」です。難民ならば、ヨーロッパ諸国、なかでもＥＵ諸国は「難民条約」に加入していますし、ＥＵ独自の難民に対する支援も決めていますから、それに従って保護しなければなりません。

しかし、ヨーロッパ諸国は、無秩序に外国人が勝手に国境を越えて入ってくる事態に、強い恐怖と不満を抱いていました。

「政府は何をやっているんだ、なぜ彼らを国境で止めないのだ！」

こういう声は日増しに強くなっていたのです。排外主義と言うのですが、外国人を邪魔者扱いして出ていけと主張する人たちは、政党をつくって議会の中でも、政府を批判するようになっていきました。

このような状況にあったため、新聞やテレビなどのマスメディアも、「難民」だから助けるべきだと主張して国民の反発を買いたくない、という方向になっていったのです。

国内では、「難民」だからといってみんな助けるなんて冗談じゃない、彼らは本当に難民なのか、本当は金儲《もう》けのために勝手に入ってくる「不法移民」じゃないのか？　という声が高まっていたのです。メディアもそれに追随しました。

政治家たちも、国民の支持を失いたくないので、「難民」だと知っていても「移民」と言い換えるようになっていったのです。

それに、シリアのように明らかにひどい戦争をしている国から逃げてきた人はともかく、アフガニスタンやイラクはテロが起きたり、地域によっては様々な衝突が起きたりしているとはいえ、一応政府が機能しているし、警察もあるわけですから、完全に国が崩壊してしまったわけではありません。

そういう国からやって来た人たちのなかには、難民の中に移民希望者もいたことは、事実なのです。

難民、移民、外国人労働者

国境を越えて、場合によっては無視して人が動く現象そのものは、ごくあたりまえのことです。皆さんだって海外を旅行するときは、国境を越えているわけです。

どういう立場、形で国境を越えるのかによって、呼び方は変わります。旅行者と留学生は、ちょっと置いておきます。

国境を越えてくる難民、それから移民、外国人労働者ですが、この三つについて、受け入れる社会は、意識的に、ごっちゃにすることがあります。

典型的なケースが、治安の問題です。外国人が増えると治安が悪くなると言うときには、彼らをまとめてしまい、難民、移民、外国人労働者を区別しません。外国人が増えると負担が増えて厄介だと言うときにも、あえて区別しません。

日本では、かつて外国人のことを「外人」と呼んでいました。この呼び方には、日本社会を「内」ととらえ、外から来る人を一括りにして「外」の人間と呼ぶ発想があります。ヨーロッパ諸国でも、今、難民と移民と外国人労働者を一括りにして「出ていってほしい」という声が高まっています。ヨーロッパはそれでも半世紀を超える年月、彼らとまがりなりにも共存してきたのですが、今や「外人」は入ってくるなという声が高まっています。日本の場合は、突然、政府が外国人労働者に門戸を開放すると言い出したわけですから、今後の混乱は目に見えています。

国連が定めた「難民」の定義

では「難民」とはどういう人たちのことなのでしょうか。

まずは難民の、国連による定義から見ていきましょう。

ひと言で言いますと、**難民とは命の危険から、国境を越える人のこと**です。これは「難民条約」での定義です。

> 人種、宗教、国籍もしくは特定の社会的集団の構成員であることまたは政治的意見を理由に迫害を受けるおそれがあるという十分に理由のある恐怖を有するために、国籍国の外にいる者であって、その国籍国の保護を受けることができない者またはそのような恐怖を有するためにその国籍国の保護を受けることを望まない者

「国籍国の外にいる者」とは、母国を離れている人、ということです。

そして「迫害を受けるおそれがある」ですが、迫害というのは、捕まったり拷問《ごうもん》されたりすることも含みます。

何のために迫害を受けるかというと、「人種、宗教、国籍もしくは特定の社会的集団の構成員であることまたは政治的意見を理由に」です。

そしてここから先が大事なのですが「その国籍国の保護を受けることができない者」という

のは、迫害の恐怖があるために、自分の国に戻ることができない、戻ったら迫害される、だから国外に出ている人のことです。

難民の地位や権利を定めた条約が、最初に国連で採択されたのは、一九五一年です。

当時、誰のことを難民と言っていたのかというと、一つは第二次世界大戦の戦禍によって母国を逃れた人たちでした。もう一つは、そのころ冷戦が始まっていたので、社会主義の国から逃げてきた人たちのことです。社会主義の国を出ることはきびしく制限され、亡命は命がけだったのです。

一九四九年、ドイツは東西分断の悲劇に見舞われました。自由主義の西ドイツ、社会主義の東ドイツに分かれてしまったのです。そして、一九六一年、長らく首都だったベルリンには、東ドイツによって突然、高い壁が建設されてしまいます。それ以降、一九八九年に「壁」が崩壊するまで、東ベルリン（東ドイツ）の人たちは、西ベルリンへ移り住むことができなくなります。それどころか、壁がつくられたその日、たまたま東ベルリン側にいた人も、戻れなくなったのです。その後、東ベルリン側にいた人で、西ベルリン側に逃れようと、高さ三・六メートルの壁を乗り越えようとして、射殺されてしまう悲劇が数多く起こりました。当時、なんとか壁を乗り越えて入ってくることができた場合、西ドイツは自動的に難民と認めていたのです。

このように、難民条約ができたころは、ヨーロッパでの難民に関心が集まっていました。その後、国連は一九六六年に改めて「難民の地位に関する議定書」をつくって（一九六七年発効）、歴史的、地理的な制約なしに難民を保護するための、国際的な枠組みを定めました。

国連による「難民の権利」

次に、難民の権利です。

難民条約に盛りこまれた「ノン・ルフールマン原則」というのがあります。人が逃れてきたときに、迫害の恐れがあるその人の母国、あるいはその他の国に強制送還してはならないというルールです。

難民を彼らの生命や自由が脅威にさらされるおそれのある国へ強制的に追放したり、帰還させてはいけない。

国境を無視して入ってきた人にも適用されます。実は、難民条約のなかで一番大事なのが、このノン・ルフールマン原則です。

そして、難民は、取るものも取りあえず逃げてくるのですから、パスポートをもっていません。そのため、国連機関の一つである国連難民高等弁務官事務所（ＵＮＨＣＲ）が難民が入った国に対して保護を要請し、必要な手続きを手伝います。そして食料や薬、衣類と応急の住まいなどを与え、緊急の支援をします。

難民には、仕事をする、教育を受ける、そして家をもって住む権利や宗教を自由に信じることができる権利、さらに裁判を受ける権利も認められています。これはすべて難民条約に明記されていて、日本も一九八一年に、この条約に加入しています。

難民の人たちの権利は、この条約によって守られているはずなのですが、実際に、逃れていった先の国で安心して暮らすことができるかと言えば、今の世界の難民の状況を見ていると、かなり難しいのが現状です。

どうして難しくなったのでしょうか。

二〇一五年、中東、主にシリアからですけれども、イラクやアフガニスタンからも、多くの人たちがトルコに逃れ、さらにドイツに渡ろうとしました。

多くの人がドイツに行こうとしたのは、ドイツのメルケル首相が「ドイツはシリア難民に関して受け入れる責任がある」と表明したからです。実は、イラクやアフガニスタンの人については、「ドイツにいらっしゃい」とは言っていないのですが、とにかく、一〇〇万人を超える人が殺到していくなかで、シリア以外の国の人たちもドイツを目指したのです。

難民と認定されるとどうなるか

ヨーロッパの国、スウェーデンやドイツでは、難民がやって来た場合には、難民キャンプのような収容施設にいったん入れて保護します。衣食住だけでなく、一週間に幾らという形で、最低限の生活に必要なお金も出します。

それでとりあえずは生活できるようにして、それから難民申請（守ってもらうという意味で、庇護《ひご》の申請とも言います）の手続きに入ります。本当に難民かどうかの審査を受けるのです。難民申請が通った場合には、職業訓練、語学教育などを無償で受けることができますし、働くこともできます。

仕事をするに当たって、言葉ができない、技能がないでは難しいですから、教育の機会も政府が提供するのです。

難民は、人種、民族、宗教、政治的な主張などによって、自分の国に居ては迫害を受ける、あるいは迫害を受ける恐れがあるために、他の国に逃げた人のことです。

住んでいる国で、政府とちがう意見を言ったり、あるいはその国の多数を占めている宗教を信じていなくても、迫害されることがなければ難民にはなりません。

難しい言い方ですが、難民として認定を受けるには、「自分の属性について恒常的に迫害を受け、命の危険にさらされていることを客観的に説明」することが必要です。かつて冷戦の時代には、共産主義や社会主義の国が、国民が自由主義の国に移住することを禁止していました し、政府に逆らうと秘密警察などを使って、ひどい迫害をしていたことも知られていましたから、そういう国から脱出したという事実だけで、難民と認められることもありました。冷戦が終わった後も、民族紛争から内戦になってしまったような国、たとえば、かつてのユーゴスラビアから一九九二年に独立したボスニア・ヘルツェゴビナのような国では、セルビア人による、クロアチア人やイスラム教徒のボスニア人への迫害や虐殺が公然化していました。このようなときにも、比較的簡単に難民と認定されています。

一つ付け加えておくと、難民のなかには、生活に困っている、貧しい人が多いのは事実ですが、お金持ちでは難民になれないかというと、この点は難民条約の定義にはありません。

難民の保護

難民に対しては、国連の難民高等弁務官事務所（UNHCR）がまず緊急の保護をします。食べ物のない状態で来ている人には、食べ物を与えなければいけません。逃れてきた人がけがをしていたり、病気の場合は、治療をしてあげなければいけない。これは緊急ですから、国連がやります。その上で、彼らが難民であることを入ってきた国の政府に伝えて、保護を頼むのです。

避難している国に難民キャンプなどをつくって保護することもしますが、その先、他の国に行きたいという難民には、定住先（これを第三国定住と言います）をみつけて送り出すこともあります。

最後に、母国の情勢が変わって、つまり迫害がなくなったことが確認できて、安心して帰れる状態になったときに、母国に帰る支援をするのも、難民高等弁務官事務所です。難民支援を国連の機関が行うのは、どの国の利害とも政治的な主張とも無関係に行動できる中立性をもっているからです。

しかし、現在、難民は世界に二五四〇万人もいますから（二〇一七年六月発表）、国連の難民高等弁務官事務所だけでは、とても対応できません。もう一つ、ＩＯＭという機関があります。国際移住機関もしくは国際移民機関という名前です。このＩＯＭも食料やテントの配布など、難民に対する緊急支援の実務に当たっています。

そして、さまざまな非政府組織（ＮＧＯ）の活動を忘れてはいけません。今のように世界のあちこちで国が崩壊している状況では、国連機関や受け入れ国だけでは対応は不可能です。ただし、ＮＧＯも活動の資金がなければ、支援ができません。たとえば日本のＮＧＯが外国で難民の支援をするときに、日本で寄付を募っても、そのお金だけでは全然足りません。そこで、国際社会から広く寄付を集めてＮＧＯが救援活動をしていくのですが、もはや、国連機関もＮＧＯも、支援体制が限界に達しつつあります。

難民が来た国はどうするか

難民がやって来た隣の国が、難民を保護することにも、かなり難しいところがあります。難民の人たちは、中東やアフリカなど、紛争の多く起きているところから来る場合が多いのです。

Ａという国で大変な紛争がある。そこから人びとが逃れるとします。地続きの隣にＢという

多くの人々が難民となっている５つの国

※ =10万人

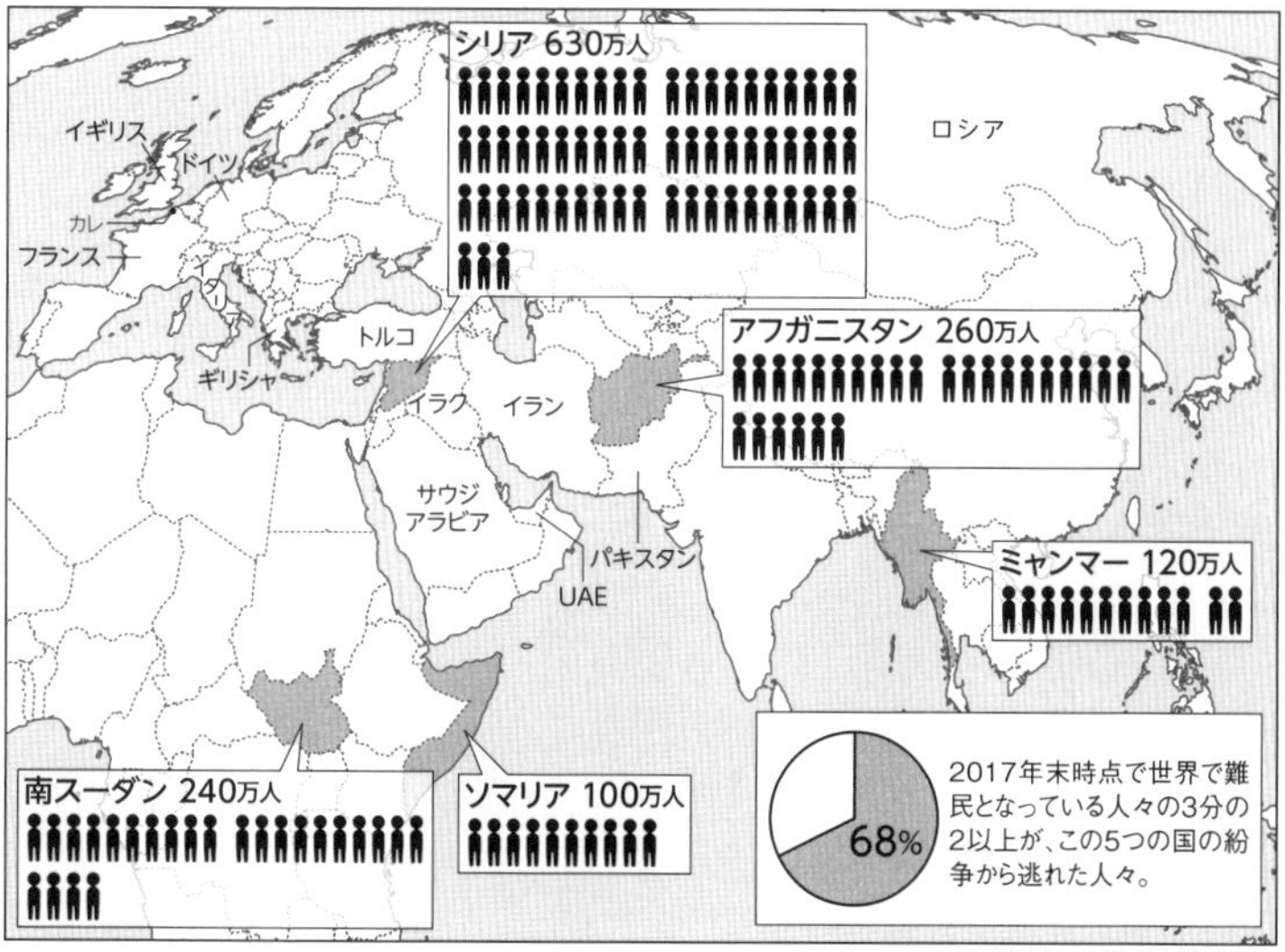

※UNHCRの資料を参考に作成

国があるから、と目指します。けれでも、アフリカや中東の国々で、Ｂは夢のような国で、Ａはどうしようもない国、ということは、まずありません。だいたいは、問題をかかえた国ばかりです。

隣の国に逃げたから、平和な生活が送れるかというと、そう簡単ではありません。

ですから、隣の国に責任を負わせるような考え方、方針は間違っています。難民の面倒をすべて見てください、などと言ったら、その国にとっては難民は迷惑な存在でしかありませんから、次からは塀や柵をつくって入れないようにしてしまいます。

どのくらいの迷惑がかかるかは、難民が流れ込んだ先の国の経済力によりますが。

ですから、難民はそこから、主にヨーロッパに行こうとします。アメリカ、カナダ、オーストラリアなどに行く例もあります。

今、深刻な紛争や内戦に陥っている国が多いアフリカや中東からは、世界地図を見ればわかりますが、先進国のなかでヨーロッパ諸国が一番近い。そこで、ここ数年、多くの難民はヨーロッパへ行こうとするのです。

けれども、最近、ヨーロッパは、難民の受け入れに厳しくなりました。難民の数があまりに多いため、どの国でも、もう嫌だという声が高まっていることは、先にお話ししたとおりです。

フランスは難民を多数受け入れてきましたが、二〇一五年になると登録できなかった多くの難民がイギリスに渡ろうとして、カレーというドーバー海峡に面した港町にテントを張って滞留するようになりました。イギリスが入国を阻止したため、立ち往生したのです。彼らは「ジャングル」とよばれるような劣悪な状態に置かれました。

デンマークでは、本土から離れた島に、殺到した難民と移民を隔離しようという案が浮上しています。ギリシャでも、トルコから密航した難民のなかで、エーゲ海の島の収容施設に留め置かれてギリシャ本土にさえ渡れない人たちがいます。そして、二〇一八年には、北アフリカから地中海を渡って、イタリアに向かおうとした難民と移民たちが、ＮＧＯの船に救助されても、イタリア政府が船の入港を拒否したために、地中海で漂流するという事態が起きました。二〇一八年の一年間で地中海を渡ってヨーロッパに到達した難民と移民は一一万人以上、命を落とした人は二二〇〇人以上に達したとIOMは報告しています。

難民は、なぜ豊かなサウジアラビアに行かなかったか

繰り返しになりますが、今、多くの難民が生まれているのは中東地域(西アジアから北アフリカにかけての地域)です。中東と言えば、アラビア半島にはサウジアラビアやアラブ首長国連邦(UAE)など、途方もなく豊かな産油国がいくつもあります。

何でアラブ諸国に行かないでヨーロッパに来るのか、サウジアラビアが引き取ればいいのに、とヨーロッパの人たちも言います。

難民たちは、なぜこういうお金持ちの国に逃げなかったのでしょうか?

ひと言で言えば、行きたくないのです。

かつてサウジアラビアをはじめ、ペルシャ湾岸の産油国に出稼ぎに行った人は、たくさんいました。バングラデシュ、パキスタン、ネパールなどからの人は、今でも非常に劣悪な条件で働いています。

石油のおかげで、少数の人は超がつくほどお金持ちになりましたが、サウジアラビアやUAEは、労働力を外国人に依存してきました。そして、外国から働きに来る人を人間扱いしなかったのです。建設現場で働く男性外国人労働者や、家事を担うメイドとして働く女性外国人労働者への人権侵害は、これまで何度も問題になってきました。だから難民たちは、トルコ、レバノン、ヨルダンに逃れたあと、ペルシャ湾岸の産油国に行こうとはしませんでした。

シリア人も、湾岸諸国の人権抑圧状況を知っていますから、アサド政権に、どんなにひどいことをされたとしても、行かないだろうと思います。

難民の人たちは、暴力をぎりぎりで抑《おさ》えることができる国なのか、できない国なのかを鋭い嗅覚《きゅうかく》で察知します。自分たち自身が、生きるか死ぬかの瀬戸際で脱出してきたわけですから、それは当然です。

アメリカは中東で、何度も勝手に戦争を引き起こしてきましたが、一応のルールというものをふまえていますし、もしルール違反が表面化すれば、アメリカの市民が黙っていません。イギリスやフランス、アメリカは、中東やアフリカで、ひどいこともしていますが、自国に逃れてきた難民が生き残れる道は残しています。

しかし、ロシアやサウジアラビアは、なにも考えずにバン！　と、いきなり暴力で叩いてしまう。どちらが怖いかというと、そちらが怖いに決まっています。

人権侵害を躊躇《ちゅうちょ》しない国の恐ろしさ、というのを中東の人も、アフリカの人も、みんな知っているのです。

難民はいつか国に帰る

難民として認定を受けた場合でも、母国の紛争が治まったら、彼らは原則的には国に帰らなければいけません。

ただ、かつてスウェーデンなどはそうでしたけれど、七、八年居ると、ほぼ自動的に国籍を与えたので、難民として受け入れる際に、将来、帰ることが条件だとは言っていません。実際には、そのまま永住したり、参政権を得たりして、定住した先の国の国民になった人も少なくありません。

難民条約の定義に当てはめて考えれば、母国の独裁者がいなくなり、抑圧もなくなったということになれば、もう難民になる理由がなくなりますので、帰国するのが原則ですが、それは、受け入れている国が決めます。

帰らなければいけなくなる前に、国籍を与えたり、身分を切りかえて、そのまま移民として有期限ないし無期限で滞在してもいいですよ、ということになれば、そのまま滞在できます。

国内避難民とは？

一九九一年に国連は、難民の保護に、「国内避難民」を含めて考えるようになりました。命の危険から、自分のふるさとからは逃げる。しかし、国境を越える力はなかったので、国内の比較的安全なところに留まった人びとです。幼い子、病気やけがをしている人、それに高齢の家族を抱えている人、さらに外国に逃れるだけのお金がない人などです。彼らは、外国に逃れた難民よりも、さらに弱い立場にあることもあります。

そのため、元々の難民の定義（外国に逃れること）からは外れますが、国連も国内避難民に対する救援をするようになったのです。

それでは、震災のような大きな災害のために、ふるさとを離れなければならなくなった人は、国内避難民になるのでしょうか。

国連の難民高等弁務官事務所の定義から見ると、自分が住んでいる国の政府が守ってくれないことに、ある程度以上の恐怖を感じる場合でないと、難民や国内避難民として保護の対象にはなりません。

そして、その国の政府に被災者を保護するだけの責任能力がある場合には、国際的な保護の対象にはなりません。

ただし、干ばつなどによって大規模な飢餓の問題が発生した場合、当事国に国民を守る力がなかったり、限られた食料を奪い合って命の危険にさらされることもあります。こういう場合は、国内避難民とみなされます。

英語で言うと、難民というのは refugee で、国内避難民というのは Internally Displaced Persons です。略してＩＤＰｓと書きます。

さらに難民の人を「亡命者」の意味で使うことが多いのですが、自分を守ってくださいと他の国に申請をする人、その場合は asylum seeker と言います。難民のことではあるのですが、asylum というのは庇護のこと、守ってもらうことですから、それを申請する人の意味です。

実は、もともと難民というのは、国境を越える人のことだというのが定義だったのですが、国内避難民も守ってあげないといけないと決めたのは、緒方貞子《おがたさだこ》さんです。一九五一年の難民条約では、国内避難民は難民の定義に入っていませんでした。

緒方さんが第八代の国連難民高等弁務官だったときに、国内避難民の保護を決めたのです。

一九九〇年の夏、中東のイラクという国が突然隣国のクウェートに侵攻して、占領してしまいました。

イラクのサッダーム・フセイン大統領はたいへんな独裁者でした。翌年の一月に、そんなことは認められないという国連決議にもとづいて多国籍軍が編成され、イラク軍と戦争をしました。これを「湾岸戦争」と言います。そのとき、イラクの北部に暮らしているクルド人たちが、サッダーム・フセイン大統領の政権に反抗したため迫害を受けて、北のトルコ側に逃れようとしたのですが、トルコ側がなかなか国境を開きませんでした。

結局は開きましたが、国内に留まった人たちも多く、この人たちを何とかしないと危険だということで、同年、国内に残っている人も国連機関が介入して保護する、と決めたのです。

その直後には、ヨーロッパの旧ユーゴスラビアで「ボスニア紛争」が発生します。このときもかつてユーゴスラビア社会主義連邦共和国を構成していた国々が次々と離脱して独立しようとしたために、ユーゴスラビアという国があるのかないのか、わからなくなってしまった。

そこから逃げてくる人は難民なのか、違うのか、議論しているうちに、ボスニアの人たちが大量に虐殺されてしまいました。

国内に留まったとしても、国連が介入して彼らを助ける以外に方法がないとして、救援することにしたのです。

日本は難民に直接援助はできない

日本の場合、現在、ほとんど難民を受け入れていませんし、難民の申請をしてもほとんど認定されません。

それでは、何をしているのでしょうか。シリアの内戦に関連して言えば、内戦を逃れた数多くの難民が暮らすヨルダン、レバノン、トルコに対して多額の援助をしています。

ここでぜひ知っておいてほしいのは、**難民は日本政府に直接、援助を頼むことはできないということ**です。

どうしてできないかというと、日本政府が援助をする場合は基本的にＯＤＡ（政府開発援助）の枠組みの中でやるので、相手の「国」が要請しないと、できない仕組みになっているのです。これを「要請主義」と言います。

要請は誰ができるかというと、難民が大量に流入したことで苦しんでいる国の政府です。難民が最初に逃れてきたトルコ、ヨルダン、レバノンの三つの国が日本に対して、難民がいて大変だからお金を援助してほしいと頼んだ場合は、日本政府が国の予算から支援できます。しかし、難民の集団は「国」ではないので、日本に援助を訴えることはできません。

では、援助を得た国が難民のために、お金を使うでしょうか？

トルコはここ数年、三〇〇万人を超える難民を受け入れているので、自国の財源とＥＵから得た支援金を使って、難民に巨額の支援をしてきました。数が多すぎるので、それでも到底足りません。

しかしどの国でも、援助を受け取った後、それを難民のために使うとは限りません。その国に必要な水道や電気などのインフラを整えながら、ついでに難民のためにも何かする、ということもあります。独裁者の懐に消えてしまうという最悪のケースもあり得ます。

巨額の支援をしているのだから、日本はちゃんと難民を援助している、と日本政府は言いますが、その資金が直接、難民に届くのではありません。「今、何に困っていますか」と難民たち自身に訊《き》いているわけでもありません。

私たちは難民の声を、ほとんど聞く機会がありません。そうなると、日本が何十億使った、何百億使ったといっても、彼らに届いたかどうか、私たちにはわかりません。

また、相手の国に金は出しても、それで難民が何を得られたのかについては、何の検証もなされません。

それとは別に、日本が難民認定する数が極めて少ない、というのも大きな問題だと思います。

彼らが逃れた先の国に飛行機を飛ばして、そこから一〇〇人単位でも一〇〇〇人単位でも難民を連れてくる、ということをしてもよいのではないかと思うのですが。

それなら、はっきりその人たちが難民だと、私たちにもわかるわけです、命からがら逃げてきた人たちなのだと。

もっとも困難な状況にある難民の人たちに直接、安心と安全を与えることが、日本の責任だと、私は思います。

第３章

移民と難民は
どこがちがうの？

なぜ難民の数は急激に増えたのか

前章でもお話ししましたが、トルコの海岸に、溺死したアラン・クルディ君が漂着するという悲劇が起きたのは、二〇一五年の九月三日です。

シリアという国で内戦が始まったのは二〇一一年三月。

この国はバッシャール・アサド大統領の下で、独裁体制でした。政権に逆らう人は即座に拘束されたり、殺されたりするという状況が、父親のハーフェズ・アサド大統領の代から何度も繰り返されていたのです。

内戦は、この独裁政権に対する抵抗運動として始まりました。しかし、ほどなく世界中から、アサド大統領がイスラム教徒を苦しめていると伝え聞いた人たちが結集し、シリア国内の反政府組織だけでなく、さまざまな武装勢力が政府軍と戦い始めます。政府軍は最初、劣勢に立たされましたが、ロシアとイランがアサド政権を支援し、特にロシア軍が激しい空爆に参加するようになると、戦局が変わります。

シリア軍とロシア軍による爆撃はすさまじい勢いで家屋を破壊し、四〇万人とも言われる命を奪いました。シリア軍は、安い兵器ですが、ドラム缶の中に爆薬や鉄の玉や釘などを詰め込んだ「たる爆弾」をヘリコプターに搭載し、無数に市民の頭上に投下しました。また二〇一三年から何度か、使用が禁じられている化学兵器を使って、自国民を攻撃しました。二〇一七年四月四日、シリア北西部のイドリブ県に猛毒のサリンを含む化学兵器による攻撃が行われ、多くの死傷者が出ました。化学兵器禁止機関(OPCW)と国連の合同調査は、シリア政府軍による攻撃だったと認めています。

ロシア軍は最新のミサイルで、反政府勢力を攻撃しましたが、当然、彼らが占拠していた地域の一般市民も犠牲になりました。

こんな状況では、ふるさとに住み続けることなどできません。途方もない数の人びとが、北のトルコ、西のレバノン、南のヨルダンなどに逃れて難民となったのです。国連難民高等弁務官事務所はその数五〇〇万人以上、国内避難民の数は六〇〇万人に達しているとしています。**「UNHCR 難民」で検索して、ぜひ難民高等弁務官事務所のウェブサイトを見てください。**

トルコに来るシリア難民の数はすさまじい勢いで増えて、アラン・クルディ君が亡くなった年、二〇一五年には三〇〇万人に達していました。

春には、トルコの一番西のイズミールというところに、難民たちが続々と集まって、そこからブローカー、つまり仲介業者にお金を払うことで、さらにヨーロッパに渡ろうという巨大な動きが発生します。

誰も止めることができない状況でした。難民は長くトルコに留まったのですが、トルコでは、命の危険はないものの、ギリギリの生活しかできません。

難民たちは、ヨーロッパ諸国なら、彼らをもっと良い状態で受け入れてくれるはずだと信じて、向かったのです。なかでもEU諸国は難民の保護に熱心に取り組んできましたから、まずは一番近いEU加盟国であるギリシャに向かいました。

ギリシャという国はトルコとエーゲ海を挟んで向かい合っていて、いくつかの島はトルコの海岸から数キロしか離れていません。とにかくそこにたどり着けば、きっとなんとかなると信じて、目の前の島に密航する人が毎日、仲介業者に頼んでボートに乗り込んだのです。

アラン・クルディ君の一家も、そういう仲介業者にお金を渡してエーゲ海に出たところ、船が沈没してしまいました。

二〇一五年の三月ぐらいから、難民の人数が急激に増えます。地中海やエーゲ海は、冬の間は非常に寒く、天候も悪い。春にならないと動けないからです。

最初にトルコに入ってきた難民たちがその次に行くギリシャは、当時、大変な財政危機に陥っていました。

難民たちは、ほぼ全員が携帯電話をもっています。ＳＮＳや口コミを通じて、世界の情勢を知っていますので、ギリシャに長居をする気は全くありませんでした。そして、ヨーロッパの中で一番豊かな地域は北のほうだ、ということも知っていました。

二〇一四年から難民の流れはすでにできていて、特にドイツを目指していく難民たちは多くいました。それが、二〇一五年の三月、四月ぐらいから急激に増えたのです。

難民の増加におびえるヨーロッパ

前章でも、少しお話ししたように、ヨーロッパ側では、急に知らない人が押し寄せてきたので、一般の市民は恐怖を感じていました。

イスラム教徒の女性たちの中には、黒いヴェールをかぶっている人もいますし、男性たちの中には、ひげを生やしている人もいます。彼ら自身も不安から厳しい表情をして、ヨーロッパの街の中を歩くわけです。気味が悪いという反応が、ヨーロッパ側の社会に強く出るようになります。

そして、もう一つ重要なことは、ヨーロッパ諸国のリーダーたちは、中東で何が起きているかをわかっていましたが、一般の政治家の多くは理解していませんでしたし、まして一般市民は知らなかったということです。

そのために、ただ怖い。彼らが移民なのか、働きに来た人なのか、命からがら紛争地から逃れてきた難民なのかを、区別できなかったのです。

それで、市民たちは政治家に向かって、「お前たちは何をやっているんだ。この人たちは一体何者なんだ。何で急にこんな人たちが増えたんだ」と批判を強めていきます。それに対して、政治家たちもきちんと対応しなかったのです。

政治家たちも、できることならこの人たちを受け入れるという面倒なことはしたくない。だから、メディアもこぞって「不法移民」という言葉を使っていたことは、前の章で書いたとおりです。

難民だったら保護しなければいけませんが、不法移民なら追い出すことができます。「難民」ということになれば、出ていってほしいと思っている市民も、自分たちはひどいことをしているのではないか、と疚《やま》しさを感じます。

じゃあ、とりあえず「移民」にしておこう、ということになったのです。政府もメディアも、「移民」と言ったために、一般の市民の間では、「移民なら出ていけ。来るな」という声が、急激に強くなりました。

この流れには、実は、前段階がありました。二〇一五年に難民が殺到する前から、ヨーロッパのイスラム教徒の移民の数はすでに増えていたのです。

多くは、ヨーロッパ諸国に働きに来て定住した人たちです。イギリスには、かつて植民地だったインド、パキスタン、バングラデシュなどから多くの移民が渡ってきました。彼らの多くもイスラム教徒です。

フランスにも、北アフリカのアルジェリア、チュニジア、モロッコ、それに西アフリカのマリやニジェールなどから移民労働者が来ました。彼らも多くはイスラム教徒でした。

ドイツにはトルコから受け入れた外国人労働者が、定住して移民となっていきましたが、ほとんどはイスラム教徒、またオランダでもオーストリアでも、トルコ出身者が数多く暮らしていました。

このように数が増えたイスラム教徒に、ヨーロッパ社会はかなり激しい敵意を向けるようになっていたのです。それは文化的な違和感というだけでなく、二〇一五~一七年にかけてヨーロッパで相次いで起きたテロ事件に、難民に紛れて中東から入りこんだ人や既に住んでいた移民がかかわっていたところからも来ています。この問題は、第5章で考えます。

難民なのか、移民なのか

ＥＵ諸国は難民条約に加入していますから、**難民だとはっきりしているなら、追い返すことはできません。**難民と認めたら、国が保護しなければなりません。それに、難民かどうかを審査している期間、彼らは滞在できます。

アラン・クルディ君の一家は、シリアの北、コバニというところから逃れてきたことがわかっています。コバニは、トルコとシリアの国境地帯で、クルドという民族が多く住むところです。アラン・クルディ君の「クルディ」という苗字も、クルド人という意味で、一家はクルドの人だったのですね。

そのコバニを、二〇一四年、「イスラム国」（ＩＳ）が支配してしまいます。ただでさえ内戦で苦しんでいたところに、突然、湧いてきたような非常に凶暴な、イスラムをかかげる暴力的な集団に支配された。コバニの人たちは、生きた心地がしなかったでしょう。

アラン・クルディ君の一家は、いったんトルコに逃れ、そして、トルコからギリシャ、ヨーロッパを目指します。ドイツを目指していたかどうかはわかりませんが、クルド人の多くは、ヨーロッパの中で多くの同胞が住んでいるスウェーデン、デンマーク、ドイツなどを目指していました。

アラン君の悲劇に、ヨーロッパだけでなく世界中のメディアが、そのときだけは、一家がシリアからイスラム国の残忍な支配を逃れ、内戦を逃れてきた人、つまり「難民」であるということを認めたのです。

しかし数日経つと、先にお話ししたように、政治家たちは、「いや、まだ難民かどうかはわからない。移民かもしれない」と言い回しを変えてしまいました。

この時期にトルコからエーゲ海を渡ってギリシャに入り、そしてドイツまでたどり着いた人たちの中で、一番多いのはシリア人でしたが、次がアフガニスタン人とイラク人でした。しかし、イラクやアフガニスタンは、国内にテロや軍事的衝突の問題があるとはいえ、一応、政府が機能していますし、政府軍が市民を攻撃しているとも言えません。したがって、個人が迫害を受け、恐怖のために政府に助けを求めることさえできない状況だったかは、個々のケースを調べないと結論が出ません。住んでいた地域がどんなところだったのか。その人はそこで迫害される理由があったかどうか。国や地方の役所は、本当に守ってくれなかったのか。どんな迫害を受け、どのようにして逃げてきたのか。そのためのお金はどうやって用意したのか、等々を細かく聴き取っていきます。ドイツをはじめ、彼らが難民申請した国は、たいへんな手間のかかる審査を一つ一つやらなくてはならないのです。

寛容のシステムが機能しなくなったヨーロッパ

難民・移民問題について、EU加盟国は互いに責任を押しつけ合ってきました。しかし、あまりの数の多さについに耐えかねて、ここに来て、加盟国でなんとか一致して、EUの外にチェックポイントをつくろうという話が出てきました。

ギリシャやイタリアに来る前に、北アフリカでせき止めようというのです。

イタリアでは、何年も前から地中海のランペドゥーザ島に難民が殺到して、不満が高まっていました。二〇一八年の総選挙で、ついに反EU、反移民、反難民そして反イスラムをかかげる政党が勝利しました。こういう政党は何かを敵だと決めつけて、それを排除することで市民の不安や不満を解決すると主張するポピュリズム政党です。もとは「北部同盟」と名乗っていた政党が「同盟」と名前を変え、「五つ星運動」という政党とともに政権の中枢に加わったのです。

治安を担当する内務大臣になったマッテオ・サルヴィーニは、EU諸国が難民・移民問題で協力しない状況で、イタリアだけがその責任を引き受けるのは不公平だとして、前章でも触れましたが、二〇一八年には、ＮＧＯの難民救援船の入港を拒否しました。ついにイタリアが怒りを爆発させたのです。

ＥＵは難民が渡ってくる国、モロッコ、チュニジア、アルジェリア、リビアにチェックポイントをつくろうとしています。チェックポイントには各国政府とＥＵが設立したＦＲＯＮＴＥＸ（欧州対外国境管理協力機関）が、国境管理警察隊のような組織をつくることになっています。

しかし、もっとも多くの密航者を送り出しているリビアは内戦が継続中です。正式な政権と認められている側に、彼らの責任で難民を食い止めるように要請したとしても、反対勢力が指示に従わないのは明らかです。

それがわかっていて、リビアに密航を責任を持って止めろと言うのは、人道危機の改善には全く貢献しません。このＥＵの計画には、リビア、アルジェリアも、チュニジアもモロッコも反対しました。自分たちヨーロッパが難民で危機に陥ったから、その手前のアフリカで何とかしろというのでは、問題をアフリカ大陸の側に押しつけているに過ぎないからです。

北アフリカの国々は、難民・移民がヨーロッパに向けて出航する出口ですが、難民も移民も、アフリカ各国からやって来るのです。もともと国としての機能が脆弱なアフリカ諸国の問題を、出口の北アフリカ諸国に委せようというのは、無理な話です。

ほとんどのヨーロッパ諸国は、今や多様性や寛容の精神を失いつつあります。

それればかりか、ＥＵとしてちがいを乗り越えて一つの共同体をつくりだしていこうという力も弱ってきています。これまでＥＵをリードしてきたドイツでも、寛容な国として知られていたオランダや北欧諸国でも、そして難民や移民の流入に、まず直面する地中海沿岸の国でも、これ以上、ヨーロッパの外から人が入ってくることは許さないという空気が強まっているのです。

日本でも起きる摩擦

難民がおしよせてきた時の、ヨーロッパ各国の市民の心理状態は、前にもお話ししたように、八〇年代の後半、日本に外国人労働者がやって来た時の日本人の心理に近かったかもしれません。

そのとき日本に来たのは、主にバングラデシュ、パキスタン、イランの人たちでした。いずれも、中東から西南アジアの人たちです。

日本人がそれまで見たことも、接したこともない人たちでした。

今回、日本政府がまた外国人労働者の受け入れを進めると言っていますが、おそらく、同じことが繰り返されると思います。

今回の場合、もちろん、中小規模の工場もありますが、これまでは技能実習や研修の名目で受け入れていた農村にも、数多く来ることになります。

農業、畜産、そして水産関係の仕事も、働き手はとても少なくなっています。そういうところにも、入ってくるでしょう。その点では、今後は広く、地方、農村部に外国人が増えていくことになります。

一方、大都市部はどうでしょうか。日本では二〇二〇年の東京オリンピック・パラリンピックを目指して、大々的な建設事業が進められています。この建築の現場で働く人たちの数も不足しているために、政府は短期的に、外国人労働者を働かせようと考えています。

彼らは現場だけでなく、街の中にも現れることになります。そうなったときに、「一体、彼らは誰だ。あの人たちはどこから来たんだ。何をしているんだ」と不安を募らせる人たちは、確実に増えるのではないでしょうか?

学校では、社会科や地歴・公民などの授業を通じて、その人たちの母国がどんな国なのかを、ぜひ教えてほしいと思います。どんな言葉を話しているのか。「こんにちは」「元気ですか」「ありがとう」のような言葉を交わすだけでも不安はやわらぐものです。

第４章

日本はどうやって外国人労働者を受け入れるの？

政府は方針を変えた

外国人が長期にわたって日本に滞在するには、「在留資格」に応じたビザ（査証）を取る必要があります。留学生として滞在するなら、在留資格「留学」、大学の先生として滞在するなら、在留資格「教授」、ジャーナリストとして滞在するなら、在留資格「報道」というように、細かく仕事の種類によって決められています。決めているのは法務省です。

専門職の場合には、この「在留資格」はわかりやすいのですが、労働者として働きに来る人たちの在留資格は、これから説明しますが、ひどくわかりにくいのです。

なぜ、わかりにくいのかというと、日本政府はこれまで、**専門的な技術の修得を必要としない職種の外国人労働者を受け入れない**、と言い続けてきたからです。私は「単純労働」と言われてきた仕事を決して軽く見たり、見下したりするつもりはありませんが、言い換えると、単純労働に従事する外国人労働者には門戸を開かない、というのが日本政府の方針だったのです。

しかし、ここ三〇年近く、実は、このような仕事に就《つ》く日本人は減っていきました。景気の良いときは、特に働き手を確保するのが難しくなっています。

日本人の働き手が得られなければ、機械やロボットに頼って省力化をはかるか、外国から働き手を受け入れるかしかありません。

日本政府は、表向きは**外国人労働者を受け入れないと言いながら、手を替え品を替え、いろいろな在留資格を与えることで、外国人労働者を増やしてきたのです。**そのため、今になってみると、在留資格とそれによる職種が、ひどく複雑になっていて、どの仕事をするにはどの在留資格が必要なのか、一目ではわからなくなってしまいました。

実際には外国人労働者が必要だったのに、外国人労働者は入れない、という建て前を言い続けてきたことが原因なのです。

厚生労働省の「「外国人雇用状況」の届出状況まとめ（平成30年10月末現在）」という資料によると、二〇一八年の外国人労働者の数は一四六万四六三人。そのうち、「専門的・技術的分野の在留資格」による人が二七万六七七〇人、これは弁護士や会計士などの専門職です。それに、「技能実習生」が三〇万八四八九人、「資格外活動」が二九万八四六一人となっています。ほかに「身分に基づく在留資格」による人が四九万五六六八人、「特定活動」（EPA〈経済連携協定〉に基づく外国人看護師・介護福祉士候補者、ワーキングホリデー、外国人建設就労者、外国人造船就労者等）が三万五六一五人となっています。

ここには長年政府が言い続けてきたことが、嘘《うそ》だったことが表れています。政府はずっとこう言ってきました。

（1）単純労働に従事する外国人労働者を受け入れない
（2）日本は移民政策をとらない
（3）留学生は外国人労働者ではない
（4）技能実習生というのは、日本の高度な技術や技能を学んで発展途上国の母国にその技術を持ち帰るという（技術移転と言います）、国際貢献のための制度だ

なぜ**政府の嘘**、というきつい言い方をしたかというと、先の厚生労働省の資料では「技能実習生」を外国人労働者に数えています。開かれている業種と職種は、先端産業とは関係のないものが大半で、その技能を修得した人が母国の発展のためにその技術を活用することはまずありえないものばかりです。にもかかわらず、この制度は「国際貢献」のための制度だと言い続けてきたのです。

「資格外活動」という言葉を使っていますが、これは留学生のアルバイトのことです。前に書

日本における外国人労働者数の推移

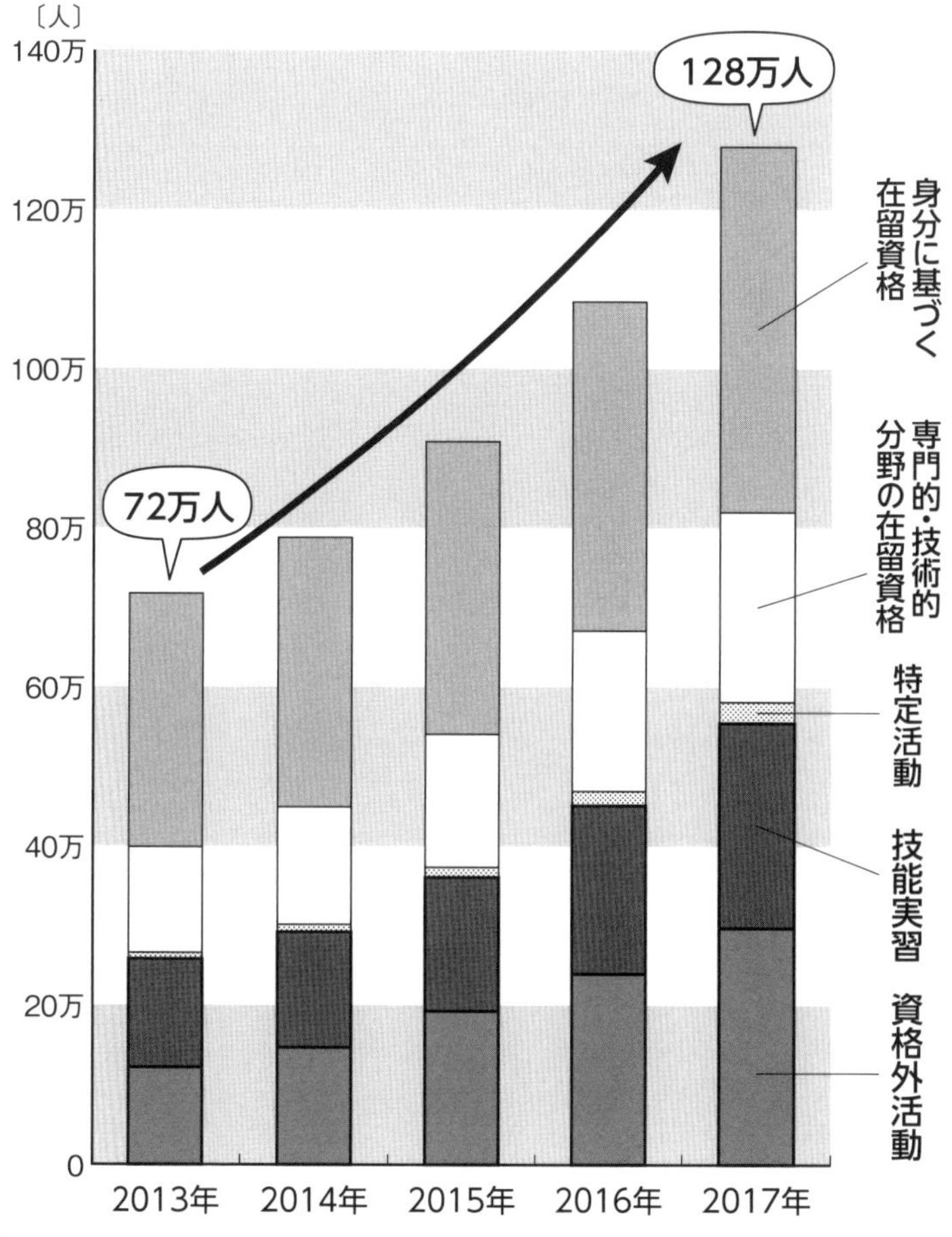

※内閣府資料より作成

きましたが、三〇年前には、この「資格外活動」は外国人による違法行為の代表のように言われていました。それがいつの間にか、留学生による「労働」の資格にすり替わっています。もちろん、今でもアルバイトの届けを出さなかったり、規定の時間を超えて働くと違法ですが。本来、在留の資格ではないから「資格外」と呼ぶのに、それが合法になっていること自体、おかしいのです。

さらに「身分に基づく在留資格」のなかには、永住者などの他に、主として日系人を指す「定住者」が入っています。

彼らはブラジルなどに移住した人やその家族のなかで、日本に戻って働いている人のことですが、彼らの場合は他の在留資格になっている場合を除けば就労に制約もありませんし、滞在できる期間に制限もありません。家族とともに暮らしているわけですから、明らかに「移民」なのです。にもかかわらず、「移民政策」はとらないと政府は言います。

つまり、**外国人労働者に門戸を閉ざすとしてきた日本の政策は、実態とはかけ離れていたことになります**。そのため、大変な問題を引き起こしていきます。

二〇一八年六月、安倍政権が、外国人労働者に門戸を開放すると言い出しましたが、「外国人労働者」と言わずに「外国人材」と言い換えています。単純労働に従事する外国人労働者は受け入れないと言い張ってきた、従来からの政府方針という建て前がまだ生き残っているからでしょう。

一九八八年あたりから、法務省の通達で、単純労働に従事する外国人労働者を受け入れない、と言ってきました。この政府の見解との矛盾を避けるつもりなのでしょう。今回、大々的に政策を変えることにして「外国人労働者」を受け入れることにしたのに、まだ「外国人材」などという妙な言葉を使っています。

八〇年代後半のバブル景気のころ、現業（工場など、現場で行う業務）部門で働く人の数は、本当に減ってしまいました。当時は、「3K」ということがよく言われました。「きつい」、「きたない」、「危険な」仕事のことです。若者たちが、そういう職に就かなくなったのです。

そのころから、今日の人手不足は容易に想像できました。実際、不足する労働力を補うために、政府は、熟練の要らない分野での外国人労働者受け入れはしない、と言い続けながら、裏技を編み出していったのです。

当時、法務省は「不法残留は犯罪です」、「不法就労は犯罪です」と主張していました。犯罪なら取り締まるべきなのに、実際には必ずしもそうしていませんでした。

取り締まれないわけがあったのです。当時、私は、富士重工（現在はＳＵＢＡＲＵ）の地元である群馬県の太田市や近くの大泉町で、聞き取り調査をしていました。

車を一台つくるのに、三万点以上の部品が必要です。よく知られているように、自動車産業というのは、本社工場の下に一次、二次、三次……と協力工場（下請け）があって、もっとも小規模なところになると従業員二、三人で、家族でやっているような工場でした。

すでに当時、どうにも人手不足が解消できない、と経営者はこぼしていました。しかし、そういう零細な工場がつくるパーツ一つが欠けても、自動車の生産ラインは止まってしまうのです。

そこにバングラデシュの人や、パキスタンの人が来て働きはじめました。地元の人たちは、親しい議員に、警察にこれを取り締まらせないでほしいと頼んでいました。

その後、バングラデシュ、パキスタンと日本が結んでいた、ビザなしで日本に観光に来られる制度（査証相互免除協定）が一九八九年に停止し、イランとの協定も一九九二年に停止されたため、彼らはそれ以上日本にいることはできなくなりました。残っていた人たちは結局、母国に強制退去となりました。

日本という国は、こうして、嘘に嘘を重ねながら、三〇年ものあいだ、実は外国人労働者を受け入れてきたのです。

二〇一八年、政府は外国人の労働者が足りないから、あと五〇万人を二〇二五年までに増やします、と突然言い出しました。国会で野党に追及されたため、後になって二〇二四年までの五年間で最大三四万五〇〇〇人と減らしましたが、こんな数字は当てになりません。受け入れる人数は法律で決めずに、需要を見て決めることになるからです。

このとき、「外国人労働者は日本には入れない」と言っていたじゃないか、とは野党もメディアも批判しませんでした。

政府は、すでに一四六万人もの外国人労働者が実は日本で働いている、だから現状を追認せざるを得ない、というふうに説明しました。先の厚生労働省の資料には、「外国人労働者数は約一四六万人。届出義務化以降、過去最高を更新」と書いてあります。

ここでは「もうこれだけ居るのだからしょうがないじゃないか」と主張するために、「外国人材」ではなく「外国人労働者」という禁句だった表現を使って、その中に平然と、留学生のアルバイトから技能実習生まで忍び込ませたのです。

では、最近まで公式には認めてこなかった外国人労働者とは誰のことだったのでしょう。

一つは、留学生などがアルバイトとして週二八時間まで働くことができる「資格外活動」、もう一つは「技能実習生」、さらに、働くことが認められている日系人のことを指しています。

別の在留資格として、「技能」というのがあります。


左の表の下から見てみましょう。七にはパイロット、六には石油等の探査、五には動物の調教師、四には宝石や毛皮の加工……とここまでは専門的な技能であることはわかるのですが、あまりにいろんな職種を同じ「技能」というカテゴリーに入れてあります。

さらに上、一を見ると「調理師　料理の調理又は食品の製造に係る技能で外国において考案され我が国において特殊なものを要する業務……」とありますよね。

要するに、外国料理のなかでも特殊な技能を発揮する業務らしいのですが、餃子《ギョーザ》や焼売《シューマイ》ではダメなのでしょうか。ふつうの中華料理ではなくて、四川《しせん》料理とか、湖南《こなん》省の料理とかになると、特殊な技術を要するということらしいです。ただのカレーではダメだけど、北インドの、南インドの、そしてネパールのカレーなら良いというのでしょうか。

なんだかあやしくありませんか？　いったいどういう職に就く人なら「技能」という在留資格を得られることになるのか、さっぱりわかりません。

実態としては、レストランの働き手が足りない。安く働いてくれる調理人を外国から入れた

在留資格「技能」が認定される対象 ※ は本文で言及されている個所

一 調理師	料理の調理又は食品の製造に係る技能で外国において考案され我が国において特殊なものを要する業務に従事する者で、次のいずれかに該当するもの（第九号に掲げる者を除く。） イ　当該技能について十年以上の実務経験（外国の教育機関において当該料理の調理又は食品の製造に係る科目を専攻した期間を含む。）を有する者 ロ　経済上の連携に関する日本国とタイ王国との間の協定附属書七第一部Ａ第五節１（c）の規定の適用を受ける者
二 建築技術者	外国に特有の建築又は土木に係る技能について十年（当該技能を要する業務に十年以上の実務経験を有する外国人の指揮監督を受けて従事する者の場合にあっては、五年）以上の実務経験（外国の教育機関において当該建築又は土木に係る科目を専攻した期間を含む。）を有する者で、当該技能を要する業務に従事するもの
三 外国製品の製造・修理	外国に特有の製品の製造又は修理に係る技能について十年以上の実務経験（外国の教育機関において当該製品の製造又は修理に係る科目を専攻した期間を含む。）を有する者で、当該技能を要する業務に従事するもの
四 宝石、貴金属、毛皮加工	宝石、貴金属又は毛皮の加工に係る技能について十年以上の実務経験（外国の教育機関において当該加工に係る科目を専攻した期間を含む。）を有する者で、当該技能を要する業務に従事するもの
五 動物の調教師	動物の調教に係る技能について十年以上の実務経験（外国の教育機関において動物の調教に係る科目を専攻した期間を含む。）を有する者で、当該技能を要する業務に従事するもの
六 石油等の探査	石油探査のための海底掘削、地熱開発のための掘削又は海底鉱物探査のための海底地質調査に係る技能について十年以上の実務経験（外国の教育機関において石油探査のための海底掘削、地熱開発のための掘削又は海底鉱物探査のための海底地質調査に係る科目を専攻した期間を含む。）を有する者で、当該技能を要する業務に従事するもの
七 パイロット	航空機の操縦に係る技能について二百五十時間以上の飛行経歴を有する者で、航空法（昭和二十七年法律第二百三十一号）第二条第十八項に規定する航空運送事業の用に供する航空機に乗り組んで操縦者としての業務に従事するもの
八 スポーツの指導者	スポーツの指導に係る技能について三年以上の実務経験（外国の教育機関において当該スポーツの指導に係る科目を専攻した期間及び報酬を受けて当該スポーツに従事していた期間を含む。）を有する者若しくはこれに準ずる者として法務大臣が告示をもって定める者で、当該技能を要する業務に従事するもの又はスポーツの選手としてオリンピック大会、世界選手権大会その他の国際的な競技会に出場したことがある者で、当該スポーツの指導に係る技能を要する業務に従事するもの
九 ワイン鑑定等	ぶどう酒の品質の鑑定、評価及び保持並びにぶどう酒の提供（以下「ワイン鑑定等」という。）に係る技能について五年以上の実務経験（外国の教育機関においてワイン鑑定等に係る科目を専攻した期間を含む。）を有する次のいずれかに該当する者で、当該技能を要する業務に従事するもの イ　ワイン鑑定等に係る技能に関する国際的な規模で開催される競技会（以下「国際ソムリエコンクール」という。）において優秀な成績を収めたことがある者 ロ　国際ソムリエコンクール（出場者が一国につき一名に制限されているものに限る。）に出場したことがある者 ハ　ワイン鑑定等に係る技能に関して国（外国を含む。）若しくは地方公共団体（外国の地方公共団体を含む。）又はこれらに準ずる公私の機関が認定する資格で法務大臣が告示をもって定めるものを有する者

※平成二年法務省令第十六号　出入国管理及び難民認定法第七条第一項第二号の基準を定める省令
平成二十九年四月七日公布（平成二十九年法務省令第十九号）改正をもとに作成

いけれども、誰でもすぐに覚えられるような料理では、法務省がダメだと言い続けてきた単純労働の外国人労働者になってしまう。

そこで、三〇年前には日本人になじみの薄かった、中国の地方料理やネパールの料理ならOKだ、ということを法律のコトバにすると、この表になったのではないかと思うのです。それまでの法律と無理やり整合性をつけるために、役人がひねりだした文章でしょう。

二の「建築技術者　外国に特有の建築……」になるとますますわかりません。タマネギ型ドームのロシア正教の教会とか、イスラムのモスクでも建てるのでしょうか。当時、そんな需要があったとは思えませんが。

これも、恐らくは建築業の現場で働く外国人労働者が欲しかったけれども、そうは言えないので、「外国に特有の建築」という枠をつくったのではないでしょうか。しかも即戦力で使える人材をということになった。そこで、母国で家や建物をつくっていれば、それはみな「外国に特有の建築」物ですから、この妙な文言を入れたのではないでしょうか。

まるで冗談のようです。私は一〇年ほど前、法務省の「第五次出入国管理行政の政策懇談会」というところで委員をしていました。当時この資料について、何人かの委員が質問したのですが、法務省の人も答えに困っていました。

もう一つ、在留資格には「興行」というのがあります。ふつうは、音楽家がコンサートをしたり、プロの格闘家が日本で試合をしたりして、報酬を得る場合に取らなければならない在留資格です。一見すると、何も悪いことはないように見えます。海外のオーケストラを招へいしたり、著名な歌手が日本でコンサートを開いたとき、報酬を払うのは当然でしょう。

しかし、この在留資格でも、一九八〇年代には深刻な問題が起きていました。第1章でも触れましたが、主にフィリピンから来た女性たちが、ホステス、ストリッパー、売春婦などの資格外活動と不法残留、それに違法行為で摘発されるようになったのです。貧しい国や地域から日本に来た女性に、性的なサービスでお金を稼がせるというのは、女性を商品として扱い、人間としての尊厳を踏みにじるものでした。本人の意思で、手っ取り早くお金を稼ぐためにこの仕事をしたケースもありましたが、何より、こういう「仕事」をさせた日本社会に問題があります。

そこで一九九〇年代には、違法な売春などを除き、彼女たちに「興行」という在留資格を与えて、合法的に働かせるようになったのです。

ダンサーや歌手という名目で、東南アジアの発展途上国から、母国でトレーニングを受けたという女性たちは数多く来日しました。興行のビザを取ると、日本で働いてお金を稼ぐことができます。ビザをもたずに来て働くと、ただちに不法就労となって捕まりますので、この在留資格が必要だったのです。

実際には、「フィリピンパブ」という店が全国に急増して、今で言うキャバクラのような店が、こぞって外国人女性を雇うようになっていきました。きちんと報酬を受け取ることができるならまだしも、実際には売春を強要されたり、パスポートを取り上げられたりと、人権を踏みにじる行為が繰り返されました。かつて「不法残留」「資格外活動」で摘発された「ジャパゆきさん」と、中身は変わらなかったのです。

当時、ある県でこういう女性たちを守ろうと活動していた、カトリックの神父さんと話したことがあります。フィリピンから来る女性たちには、敬虔なカトリックの人も多かったのです。彼女たちのなかには、家族を支えるために自分が犠牲になることをいとわない、という気持ちがあるのだと、神父さんは話していました。

彼女たちを保護するための部屋に、聖母マリアの像が置かれていたのを見て、私は胸がふさがれる思いと同時に、経済的に強い立場にある日本が、**外国人に対しての人権意識の薄い国で**あることを思い知らされました。

次ページの表は在留資格「興行」についてのルールを定めた、出入国管理及び難民認定法第七条第一項第二号の基準を定める省令の一部です。

指揮者や歌手やアイドルたちを日本に呼ぶ場合の規定でしょうか? 雇用主が暴力団員であってはいけないとか、売春防止法に違反してはいけないとか。この部分は「興行」が悪用されたことに対する対処として、後に定められた規則なのです。

ここからも、日本の出入国管理行政というものが、一方で「何も悪い制度じゃない」とうそぶきながら、実態としては犯罪や人権蹂躙《じゅうりん》の温床になるという、いまだに解決されない問題をずっと抱えていたことがわかります。

もう一つだけ付け加えると、ここに挙げた「基準」というのは法務省の省令というものですが、これを決めるのに国会での審議は要りません。いわば法務省が、法律をもとにして決めるわけですが、宝石や毛皮の修理や、外国に特有の建築物を建てられる職人など、法務省の官僚が思いついた職種だとは思えません。

どこかの業界団体が国会議員の先生に陳情して、そこから法務省に何とかしてほしいという話になって……ではないでしょうか。

在留資格「興行」の基準（抜粋）※■■は本文で言及されている箇所

一　申請人が演劇、演芸、歌謡、舞踊又は演奏（以下「演劇等」という。）の興行に係る活動に従事しようとする場合は、二に規定する場合を除き、次のいずれにも該当していること。【中略】

ハ　申請に係る演劇等が行われる施設が次に掲げるいずれの要件にも適合すること。ただし、興行に係る活動に従事する興行の在留資格をもって在留する者が当該施設において申請人以外にいない場合は、（6）に適合すること。

(1)　不特定かつ多数の客を対象として外国人の興行を行う施設であること。

(2)　風営法第二条第一項第一号に規定する営業を営む施設である場合は、次に掲げるいずれの要件にも適合していること。

(i)　専ら客の接待（風営法第二条第三項に規定する接待をいう。以下同じ。）に従事する従業員が五名以上いること。

(ii)　興行に係る活動に従事する興行の在留資格をもって在留する者が客の接待に従事するおそれがないと認められること。

(3)　十三平方メートル以上の舞台があること。

(4)　九平方メートル（出演者が五名を超える場合は、九平方メートルに五名を超える人数の一名につき一・六平方メートルを加えた面積）以上の出演者用の控室があること。

(5)　当該施設の従業員の数が五名以上であること。

(6)　当該施設を運営する機関の経営者又は当該施設に係る業務に従事する常勤の職員が次のいずれにも該当しないこと。

(i)　人身取引等を行い、唆し、又はこれを助けた者

(ii)　過去五年間に法第二十四条第三号の四イからハまでに掲げるいずれかの行為を行い、唆し、又はこれを助けた者

(iii)　過去五年間に当該機関の事業活動に関し、外国人に不正に法第三章第一節若しくは第二節の規定による証明書の交付、上陸許可の証印若しくは許可、同章第四節の規定による上陸の許可又は法第四章第一節、第二節若しくは法第五章第三節の規定による許可を受けさせる目的で、文書若しくは図画を偽造し、若しくは変造し、虚偽の文書若しくは図画を作成し、若しくは偽造若しくは変造された文書若しくは図画若しくは虚偽の文書若しくは図画を行使し、所持し、若しくは提供し、又はこれらの行為を唆し、若しくはこれを助けた者

(iv)　法第七十四条から第七十四条の八までの罪又は売春防止法第六条から第十三条までの罪により刑に処せられ、その執行を終わり、又は執行を受けることがなくなった日から五年を経過しない者

(v)　暴力団員又は暴力団員でなくなった日から五年を経過しない者

※平成二年法務省令第十六号　出入国管理及び難民認定法第七条第一項第二号の基準を定める省令
平成二十九年四月七日公布（平成二十九年法務省令第十九号）改正

不法就労者に代わって日系人を受け入れた

一九九〇年の出入国管理及び難民認定法（入管法）改定では、日系人に対する在留制度も変えました。前に書いた通り、バングラデシュやパキスタン、そしてイランから観光客として来た人たちが、在留期限を超えて滞在し、働くことを「不法就労」として取り締まるようになったため、代わりになる労働者が必要になったのです。

そこでもともと日本人だった、日系の人たちに目をつけます。一九世紀末から、第二次大戦後しばらくの時期にかけて、日本人は働くためにブラジルやペルーなど中南米の国々に「移民」として渡りました。その人たちの家族や子孫、ここでは基本的に三世の人たちまでですが、彼らが日本に働きに来る場合、「定住者」という枠のなかに入れて在留を許可したのです。

一世は日本人ですし、二世には中南米の国籍と日本国籍の両方をもつ人もいましたから日本人として扱い、中南米国籍の三世の人たちも、その延長線上で日系人とみなして受け入れ、滞在中の活動に制約をつけないことにしました。

その結果、ブラジル、ペルー、アルゼンチン、パラグアイなどから日本に働きに来て、そのまま定住する人が増えていきます。日本語のできない人も大勢いましたし、その子どもも定住者と認めたわけですから、「移民政策」をとったことになります。

日本政府は今でも、今回の「外国人材受け入れ拡大」は移民政策ではない、と言い張っていますが、すでに三〇年前に、移民政策をとっていたことになります。

日本人の血を引いている日系人なのだから外国人ではない。だから移民政策ではないと言うのですが、すでに中南米諸国に定住して、そこで教育を受け、仕事もしてきた人たちですから、その国の人でもあったわけです。

もともと日本人だからいいじゃないか、というのは日本側の勝手な言い分であって、当事者にとっては、新たに日本語を勉強したり、日本での生活習慣を覚えたりしなくてはいけないのですから、外国人を「移民」として受け入れるのと同じ配慮と政策が必要です。

なんでも詰め込んだ在留資格「特定活動」

章の冒頭でお話ししたように、外国人がどんな資格で日本に滞在できるかを定めているのが、「在留資格」です。それは「出入国管理及び難民認定法」によって定められています。その中で、一番、わけがわからないのが「特定活動」です。

文字どおり、法務大臣が特に認めた活動をする場合に、日本に長期滞在（年数は各々の資格で決まっています)できるというのですが、ここには、日本に駐在する外国の外交使節(大使や大使館員など)の使用人、高度専門職として日本に滞在する人たちの「メイド」も含まれます。

ワーキングホリデーで日本に来る人たち、アマチュアスポーツ選手、インターンシップで来日する学生、日本の病院に入院して治療を受ける人など、このあたりまでは理解できます。

しかし、その後に「建設労働者」というのが出てきます。「本邦の公私の機関が策定し、国土交通大臣が認定した適正監理計画に基づき、当該機関との雇用契約に基づいて建設業務に従事する活動」(告示番号32)とあります。

後で説明する在留資格「技能実習」でも「技能」でもなく、要するに現場で建設業に従事する外国人労働者のことです。

他にも、「造船就労者」、「製造業務従事者」というのもあります。この在留資格「特定活動」には、「技能実習」が含まれていないのですから、極端なことを言えば、十分な経験を積んでいなくても雇えることになります。あまりにも場当たり的な受け入れ策の実態が、ここにも表れています。

さらに、日本で調理師学校を卒業して、和食の修業をした外国人の就労を認めるために、調理師学校の留学生だったときの在留資格「留学」を、「特定活動」に切り替えることができるという制度も、二〇一四年にできています。

調理師については、在留資格「技能」による滞在ができるのですが、それは外国の料理のみで、和食では資格がありませんでした。けれども人手不足は、外国料理の店だろうと和食店だろうと、同じことです。和食の場合、外国の学校で学んだというのでは筋が通りませんので、日本の調理師学校を卒業した人という条件をつけたようです。

ついでに言えば、レストランで皿を洗うような裏方の仕事や、接客の仕事ができる在留資格はあるのでしょうか。

これは、調理のような「技能」にも当てはまりませんし、この「特定活動」にも当てはまりません。でも、人手は足りないのです。

これらの仕事は、アルバイト、つまり留学生の「資格外活動」を使って認めています。

日本の「技能実習制度」

次に「研修」の問題があります。今の「技能実習」制度の前はこう呼んでいたのですが、これが問題のあまりにも多い、現在の制度の原点になりました。

研修生というのは、日本の高度な技術や技能を学ぶために、研修に来る人のことを言います。

最初は一九八一年の入管法改正でできたのですが、あくまで留学の一つの形だったはずです。そして、人手不足が深刻化する一九八〇年代の末には、技術や技能を学ぶための在留資格の一つとして、「研修」という枠が設けられます。

さらに、一九九一年にJITCO(公益財団法人国際研修協力機構)という国の機関が設立されて、単に研修を受けるだけではなく、その後に働いてもいいですよ、ということになったのです。

業界団体(監理団体)が窓口になって、これこれの工場や会社から、何人欲しいです、と申請を受け付ける。その上にあるのが、政府機関のJITCOです。送り出し国側にも送り出し機関(公的な機関もありますが、民間の人材派遣業者もあります)があって、ここがお金を取って、人を集めてくるのです。これまでの技能実習制度、そしてこれからの外国人労働者受け入れ政策、そのどちらにも共通する大きな問題がここにあります。労働者を派遣してもらう国を決めて日本政府がどんな仕事で何人募集すると約束するのなら、日本が相手の国に事務所を開いて、そこで希望者を募り、日本側が旅費を負担して来てもらうのが筋ではないでしょうか。ところが日本の制度では、働きに来る人たちが送り出し業者にお金を払うのです。

受け入れる日本の企業なども同じように、受け入れ手続きをする民間業者にお金を払う仕組みなのです。結局、人材派遣業者のようなブローカーの介在を認めることになり、働きに来る途上国の人たちに大きな負担を強いるシステムになっているのです。

実際に来る人たちに、日本の高度な技術を学びに来てもらい、帰ったらお国の発展のために寄与してもらう制度です、というのが政府の説明でした。あくまで発展途上国のための国際貢献だというのです。でも、これも嘘でした。


技能実習制度の中身である、仕事を見てみましょう。

かまぼこ・練り物の製造、干物の製造、かつお一本釣り、延縄《はえなわ》漁業、いか釣り、まき網、ひき網、刺し網、板金、塗装、ビルの清掃などなど。

さらには、家具の製作、製本、織物・ニット、染色、タフテッドカーペット製造など。

わざわざ遠い日本まで学びに来る必要のある技術なのでしょうか？　少なくとも働きに来た人たちが帰国して、母国の発展に寄与できるような職種とは思えません。

そこには、コンピュータ関連、ＩＴ関連はありません。高度先端技術には、いっさいこの制度は開かれていません。

もともと八〇年代末に「研修」という名目で始まったこの制度には、「勉強しに来るのだか

技能実習制度で開かれていた仕事

2017年10月現在

農業	耕種農業	施設園芸、畑作・野菜、果樹
	畜産農業	養豚、養鶏、酪農
漁業	漁船漁業	かつお一本釣り漁業、延縄漁業、いか釣り漁業、まき網漁業、ひき網漁業、刺し網漁業、定置網漁業、かに・えびかご漁業
	養殖業	ほたてがい・まがき養殖
建設	さく井	パーカッション式さく井工事、ロータリー式さく井工事
	建築板金	ダクト板金、内外装板金
	冷凍空気調和機器施工	冷凍空気調和機器施工
	建具製作	木製建具手加工
	建築大工	大工工事
	型枠施工	型枠工事
	鉄筋施工	鉄筋組立て
	とび	とび
	石材施工	石材加工、石張り
	タイル張り	タイル張り
	かわらぶき	かわらぶき
	左官	左官
	配管	建築配管、プラント配管
	熱絶縁施工	保温保冷工事
	内装仕上げ施工	プラスチック系床仕上げ工事、カーペット系床仕上げ工事、鋼製下地工事、ボード仕上げ工事、カーテン工事
	サッシ施工	ビル用サッシ施工
	防水施工	シーリング防水工事
	コンクリート圧送施工	コンクリート圧送工事
	ウェルポイント施工	ウェルポイント工事
	表装	壁装
	建設機械施工	押土・整地、積込み、掘削、締固め
	築炉	築炉
食品製造	缶詰巻締	缶詰巻締
	食鳥処理加工	食鳥処理加工
	加熱性水産加工食品製造	節類製造、加熱乾製品製造、調味加工品製造、くん製品製造
	非加熱性水産加工食品製造	塩蔵品製造、乾製品製造、発酵食品製造
	水産練り製品製造	かまぼこ製品製造
	牛豚食肉処理加工	牛豚部分肉製造
	ハム・ソーセージ・ベーコン製造	ハム・ソーセージ・ベーコン製造
	パン製造	パン製造
	そう菜製造	そう菜加工
繊維・衣服	紡績運転	前紡工程、精紡工程、巻糸工程、合ねん糸工程
	織布運転	準備工程、製織工程、仕上工程
	染色	糸浸染、織物・ニット浸染
	ニット製品製造	靴下製造、丸編みニット製造
繊維・衣服	たて編ニット生地製造	たて編ニット生地製造
	婦人子供服製造	婦人子供既製服縫製
	紳士服製造	紳士既製服製造
	下着類製造	下着類製造
	寝具製作	寝具製作
	カーペット製造	織じゅうたん製造、タフテッドカーペット製造、ニードルパンチカーペット製造
	帆布製品製造	帆布製品製造
	布はく縫製	ワイシャツ製造
	座席シート縫製	自動車シート縫製
機械・金属	鋳造	鋳鉄鋳物鋳造、非鉄金属鋳物鋳造
	鍛造	ハンマ型鍛造、プレス型鍛造
	ダイカスト	ホットチャンバダイカスト、コールドチャンバダイカスト
	機械加工	旋盤、フライス盤
	金属プレス加工	金属プレス
	鉄工	構造物鉄工
	工場板金	機械板金
	めっき	電気めっき、溶融亜鉛めっき
	アルミニウム陽極酸化処理	陽極酸化処理
	仕上げ	治工具仕上げ、金型仕上げ、機械組立仕上げ
	機械検査	機械検査
	機械保全	機械系保全
	電子機器組立	電子機器組立
	電気機器組立	回転電機組立、変圧器組立、配電盤・制御盤組立、開閉制御器具組立、回転電機巻線製作
	プリント配線板製造	プリント配線板設計、プリント配線板製造
その他	家具製作	家具手加工
	印刷	オフセット印刷
	製本	製本
	プラスチック成形	圧縮成形、射出成形、インフレーション成形、ブロー成形
	強化プラスチック成形	手積み積層成形
	塗装	建築塗装、金属塗装、鋼橋塗装、噴霧塗装
	溶接	手溶接、半自動溶接
	工業包装	工業包装
	紙器・段ボール箱製造	印刷箱打抜き、印刷箱製箱、貼箱製造、段ボール箱製造
	陶磁器工業製品製造	機械ろくろ成形、圧力鋳込み成形、パッド印刷
	自動車整備	自動車整備
	ビルクリーニング	ビルクリーニング
	介護	介護
	空港グランドハンドリング	航空機地上支援

※国際研修協力機構の資料より作成

ら給料は要らないよね」という、とんでもない発想が含まれていたのです。しかし、その後、技能実習生と名前を変えた後、彼らは事実上、労働者として働くことが許されました。もちろん、彼らもそれを望みました。しかし、出発点にあった、**研修なのだから**、**実習なのだから**、**給料は低くて当然だ**という発想は、そのまま持ち越されたのです。

二〇一〇年には、技能実習生にも、労働基準法や労働関係法令を適用されることになりました。彼らのことを考えると良いことなのですが、ここで政府はこっそり、彼らが「外国人労働者」だということを、認めていたのです。

しかし、二〇一八年、外国人労働者受け入れが国会で審議されていく過程で、相変わらず最低賃金さえ支払われていない例が、多々出てきました。

それでも日本に来たいという人が一定数いるので、この制度は残りました。しかし、これは不採算の部門を、技能実習生という名前で雇った外国人で埋めて、安く使って何とか持ちこたえさせようとしてきたに過ぎないのです。

技能実習生はなぜ逃げるのか

政府は、技能実習生を実質的に外国人労働者にするために、別の組織を立ち上げました。これがＯＴＩＴ（外国人技能実習機構）です。この団体は公的な機関ですが、もともとＪＩＴＣＯがやっていた受け入れ側の監理団体と、送り出し国側の人材派遣業者などを結ぶ仕事をすると言います。

名目上は、こういう公的な組織が監督するから、人身売買のような不正行為はさせません、送り出し側の人材派遣業者もきちんとチェックします、というのですが、果たしてできるでしょうか。できるのならなぜ、早い段階でこのような組織を立ち上げなかったのでしょうか。

法務省入国管理局が出している、技能実習生の失踪者（逃げ出した人）数のデータをあげておきましょう。（法務省、技能実習制度の現状［不正行為・失踪］平成三〇年三月二三日）

二〇一二年、二〇〇五人、二〇一三年、三五六六人、二〇一四年、四八四七人、二〇一五年、五八〇三人、二〇一六年、五〇五八人、そして二〇一七年には七〇八九人に達しています。

なぜ、彼らは実習先から逃げたのでしょうか。もっと良い給料をくれる会社をみつけたから、あまりに待遇がひどかったから、暴言を浴びるなどの人権侵害があったから……。

二〇一七年に起きた技能実習生に関する不正行為は全部で二九九件、そのうち一三九件が、なんと賃金の未払いだったことを見れば、答えは明らかでしょう。

資格外活動の嘘

現在、日本に働きに来ている外国人は、一四六万人以上です。繰り返しになりますが、日本政府が、外国人労働者を受け入れる、と言ったことはないのです。

正式に受け入れているのは、技能実習生と、留学生として来て働いている資格外活動の人のみです。基本的にそれしかありません。

留学生の資格外活動にも問題があります。日本語学校に入学し、留学生となると、「資格外活動」ができます。原則二年で、そのあいだに働くわけです。

その後は、大学へ進学します。けれども

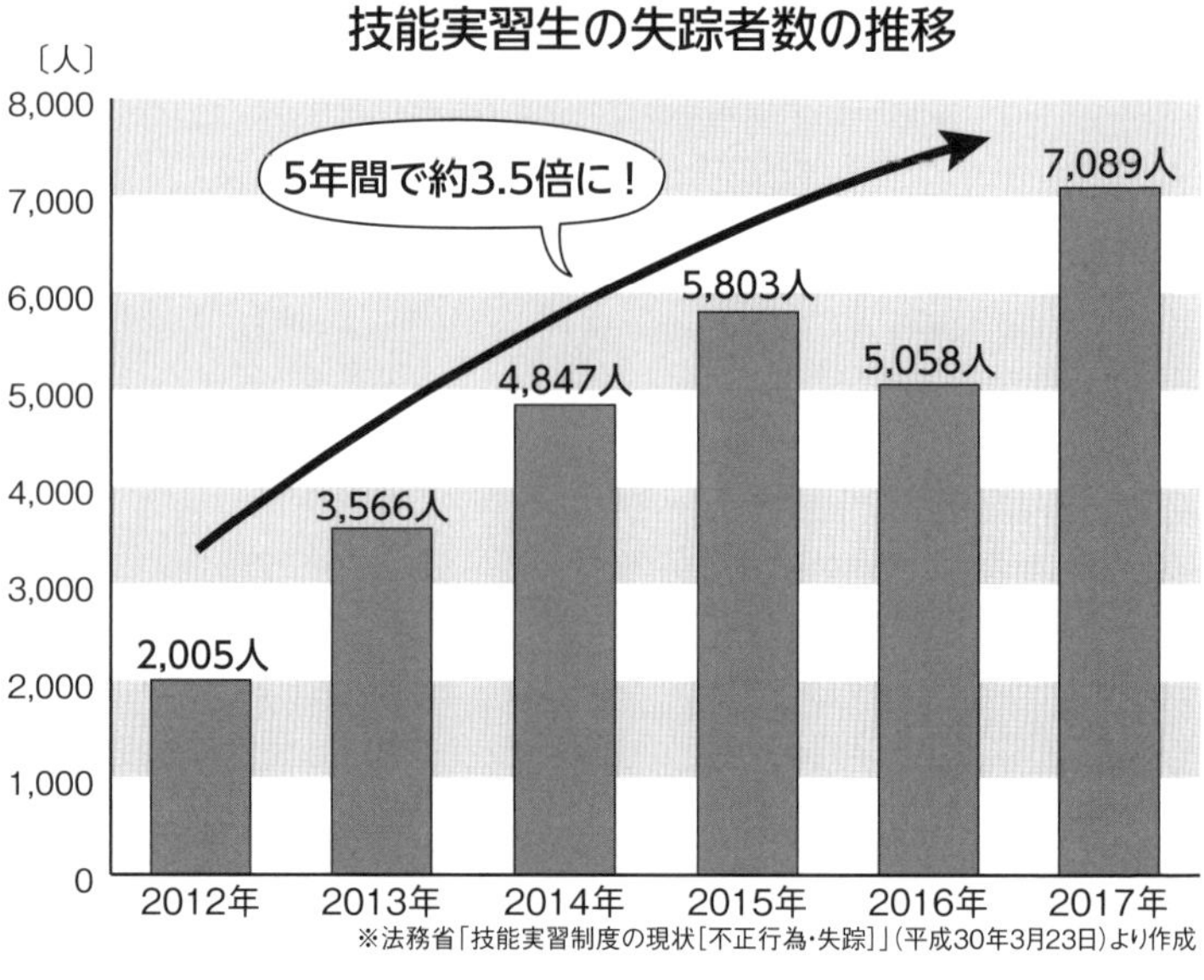

※法務省「技能実習制度の現状[不正行為・失踪]」(平成30年3月23日)より作成

学校には、なかなか出てこられないのではないでしょうか。「資格外活動」には、週二八時間までという規制があるのですが、彼らは学費を払っています。私立大学の場合、文系でも年に一〇〇万円はかかるでしょう。それを払って、さらに貯金したり母国に送金したりするには、毎月、二〇万円は最低稼がなくてはいけません。**週二八時間以上働かなければ、得られない金額です**。こうなると、何としても二八時間以上働こうとする人が、必ず出てきます。

学生だとしておきながら、また安い労働力として使うのです。今では夏休みなど学校が休みのときは、一日八時間まで働くことができるようになっています。

文部科学省は、大学に教育の質の保証ということを、厳しく求めてきました。しかし、少子化の進行で、大学の中には、将来日本で働きたいという希望をもつ留学生を、大量に受け入れているところがあります。

若者たちは「留学生」という在留資格をもらうために日本の学校で学び、「資格外活動」という労働でお金を稼ごうとします。

私自身、大学で働いていますので、このシステムには疑問を感じます。多額の学費をとっておいて、学業に勤《いそ》しめないほどのアルバイトで金を稼がせるというのですから。

政府の新政策

話を戻しましょう。技能実習生が日本にいられる期間は最大で五年ですが、二〇一八年の「入管法改正」で、その後も居てもいい、ということになりました。そのために編み出されたのが新しい「特定技能1号」という一四の業種枠です。そのなかに、こまごまと「職種」（仕事の種類）が並んでいます。

日本側の理屈は、実習を受けて技術を得た。じゃあ、そのまま日本で頑張ってもらおうかということです。

この前まで国へ帰って、国の発展のために寄与してくださいねと言っていたのに、日本では単純労働の人手が足りないので、そのまま残すと言うのです。ついに、「途上国への国際貢献のための技能実習」というお為《ため》ごかしをやめて、「人手不足を補うための技能実習」と宣言したようです。

技能実習の間、家族を連れてくることは許されません。新しくできる「特定技能1号」も五年ですが、これも家族を連れてきてはいけない。

なぜかと言うと、認めると移民になるからです。政府は、**「この政策はいわゆる移民政策で**

はない」と繰り返しています。しかし、これは世界的に見れば、非人道的な政策です。半世紀以上も前に外国人労働者を受け入れたヨーロッパの国々では、離れ離れになっている家族が再度一つになることは、基本的人権だとみなしています。

イスラム圏では、最も大切な人権です。家族が共に暮らすことは、「世界人権宣言」（一九四八年国連採択）にもその基本が示されており、「児童の権利に関する条約（子どもの権利条約）」（一九八九年国連採択、一九九〇年発効、日本は一九九四年に批准）でも権利として認められています。

特定技能1号以外に、「特定技能2号」という枠も作りました。

1号が五年で、2号が上限なし（一度の在留は三年、一年又は六カ月だが更新可能、条件を満たせば永住も可能に）となっています。

基本的に1号の資格で働いた後に、その中から、いくつかについて2号になれるようです。こちらは家族の帯同を認めるというのですから、移民です。でも政府は「いわゆる移民政策ではない」と、呪文のように繰り返しています。世界の常識としては、**これを「移民政策」と言うのです。**

この日本の政策が、なぜ非人道的なのか、会社員の単身赴任がふつうに行われる日本では、理解しづらいかもしれません。しかし、これは日本に働きに来る外国の人たちにとっては、途方もない苦痛となります。

家族の帯同を認めない政府

移民政策ではないと政府が主張するのは、移民として家族の帯同を認めると、小さな子どもなど、働き手ではない人が入ってきて、日本で暮らすことになるからです。

働く本人は日本経済のために役立ちますが、働いていない子どもや家族は日本にとってコストのかかる人だから、入れたくないということです。

しかし、学校も、医療も、市役所などの公的サービスにしても、当然のことですが、彼らの利用を拒むことなどできません。もちろん、税金は払ってもらうことになるのですが、言葉の問題が出てきます。そのために行政が通訳や翻訳をするということになると、すぐにそれがコストに跳ね返ります。政府は、こういうことには敏感ですから、安い労働力を入れたいけれど、コストのかかる家族は要らないと言っているようなものです。

そして、永続的に暮らす移民が増えることで日本という国が変わってしまうという不安があるので、政府は「移民政策」を採らないと繰り返しています。

「主権」と「領域」と「国民」、これは確かに国家の三要素ですが、日本の場合、地理的に島国であることも影響して、日本国民＝日本人＝日本人の血を引く人という意識が大変強いところがあります。その反面、**海外から来た人も同じ社会で一緒に生きている**、という感覚があまりにも希薄です。少子化にもならず、若い労働人口が十分にあって活力にあふれているなら、「日本人だけの国」であり続けることもできたかもしれません。しかし、現実はそれとは正反対の方向に進んでいます。

国際化が急務だ、グローバル化の時代だと言いながら、これまで、日本人が外へ出ていくこと、企業が世界的に活躍することしか考えてこなかったのです。でも、自分の国は鎖国したまま、外にだけ打って出るというような身勝手なグローバル化など、できるはずはありません。日本の場合、「内なるグローバル化」は、ひどく遅れてしまったのです。

決められた期限で帰る人は少ない

ルール上、外国人労働者は、一定期間日本に居て、その後、母国に帰る、ということになります。そして次の人が来るわけですから、受け入れる側の社会は、新たな外国人と接触することになります。

問題はそこです。帰国させると、また日本のことを知らない人に入れ替わるわけですから、文化のちがいや価値観のちがいから来る摩擦が繰り返されることになります。

外国人労働者として受け入れて、その人たちが二年のローテーションや三年のローテーションで帰った、という国は、実は世界にはあまりないのです。日本だけはそれでもやる、と言っていますけれども。

働きに来てくれて二年経ちました、あなたはお帰りください、というより、むしろ、続けて働いてくれないかと思うのが、経営者側の心理です。

仕事そのものは数日もあれば覚えるにしても、職場の環境、人間関係、などいろいろな要素があって、最初に来た人が良い人だったとなれば、次に変な人が来たら困る、と経営者は必ず言い出します。

だから、どの国でも、短期間ローテーション型は崩れたのです。そうなると再申請を認めることになる。延長を認めることになると、二年が四年になり、四年が六年になり、そうするとどうなるか。結局、彼らの母国が経済的に安定、発展すれば帰国しますが、しなければずっと居る可能性が出てきます。こうして彼らは「移民」になるのです。

外国人労働者自身も、それこそ身を粉《こ》にしてお金を稼ぎ、貯めようとします。そのお金で彼らがやりたいのは、まずは母国の家族を裕福にしてあげたいということです。母国に土地を買う、家を買う、車を買う、アパートを建ててその家賃収入で暮らせるようにする……。

ほとんどの場合、日本で修得した技能を母国で使おうとはしないでしょう。これはほぼ、例外なく言えることですが、働きに行った先で苦労した仕事を、国に帰ってもう一度やろうとはしないのです。会社の経営者として、その技術を活かすことはあるかもしれませんが、つくれる作物やとれる魚がちがう農業や漁業の部門では、まずありません。

工場労働者となった人も、母国に帰って同じような仕事をすることは、まずないのです。とにかくお金を稼ぐために来て働くのですから、その仕事を一生続けよう、母国に帰っても続けようとはなかなか考えないはずです。

彼らは、日本で苦労した後、母国で楽をしたいのです。母国でリッチな生活をしたいのです。それだけです。

特定技能2号は実質的に「移民」

外国人労働者と言う場合には、働きに来る本人だけを指します。繰り返しになりますが、特定技能1号で来日できるのは働き手だけです。五年間の滞在で、家族は連れてくることができません。その上の特定技能2号になると、家族の帯同を認めて、期間の定めはありますが、上限なしで更新できることになっています。

こうなった場合は、「移民」です。先にも言いましたように、働かない人も含めて別の国に定住する場合、移民とみなすのが一般的です。

夫婦で来て、子どもが生まれる。子どもは当然、就学年齢の間は働き手ではありませんから、学校に通うことになります。

学校に両親とも日本人ではない、日本語ができない児童が来た場合、日本語教育をどうするのか。

あるいは、奥さんが妊娠中に、母子手帳を持って、どこの病院で健診を受ければ良いのか、そういうこともすべて、受け入れた日本側がやらなければいけません。医療機関での言葉の問題も考えなければなりません。

特定技能2号になると、ずっと日本で暮らせることになっていますから、母国の親が高齢化したり、病気になったりしたとき、日本で面倒を見たいという人も出てくるでしょう。

それを、拒否するつもりですか？　それとも認めるつもりですか？

拒否したら、それはあまりに非人道的ですよね。やはり認めざるをえなくなるでしょう。

そうすると、外国人の親の介護についても、日本人と同じように、介護保険料を納めてもらい、そのサービスを受けられるようにしなくてはいけません。

特定技能1号のときから働いていて、特定技能2号になる人は多いはずです。では、特定技能1号のあいだは年金や介護保険は掛け捨てで、払いっぱなしになるのでしょうか。特定技能2号になってから年金保険料を払うのでは、納付期間が短くなってしまい、将来、受け取れる金額が低くなります。

今のところ、特定技能1号が一四の職種、2号はまだ明らかにされていないようですが、今後、業界からの要望で2号に移行する職種が増えていく可能性もあります。

どんな仕事を特定技能2号にするのか、何人の外国人を雇用するのかは、国会で審議する、「法律」によって決めるのではなく、関係する各省の大臣が決めることになっています。そうすると、各省に国会議員を通じて業界団体が陳情に行くようになるのは目に見えています。

移民の定義はあいまい

日本政府が「移民」という言葉を使わないのには、もう一つ理由があります。

「難民」には、こういう条件がそろったらあなたは難民として認めましょう、という国際的な基準があります。難民条約に日本も加入しているからです。

日本国籍を与える「帰化」についても、国籍法という法律がありますので、どんな条件がそろったら帰化できるか、決まりがあります。

しかし、移民の場合は、そうした基準がありません。何度も書いたように、**どういう人を移民と呼ぶかについては、国際的な定義がありません。**日本の法律にも、「移民」という用語は存在しません。

これから実質的に移民となる人が増えることになっても、「移民」の法律上の定義は、今のところないのです。

あくまで日本に居られる「在留資格」で外国人を分類しているのは、そのためです。

旧西ドイツの場合でも、そうでした。

かつては国籍取得者と言って国籍が取れた人、その次に永住の権利をもっている人、その次が、期限なしの滞在許可をもっている人。次が有期限滞在許可をもっている人といったように、分かれていました。

彼らに対して、ドイツ政府は長いこと、移民とは、呼びませんでした。

帰化しない限り、どこまで行ってもアウスレンダー（外国人）だったのです。

それが、先に述べたように、外国人労働者を受け入れて四〇年ぐらい経ち、二一世紀に入ったころ、ようやく、もう移民の国かそうではないのかという話はやめよう、という合意が社会のなかにできてきます。保守的な政党も、それを認めざるをえませんでした。

おそらく日本も、半世紀後ぐらいになって、日本も移民国になったという話になると思います。

それでもドイツでは、ずっとガストアルバイター（一時的滞在の外国人労働者）と呼びながらも、家族の帯同をはじめ多くの権利は認めてきました。

次の章では、主に、このドイツを例にして、移民、外国人労働者問題を見ていきたいと思います。

第 5 章

世界に学ぶ、
移民、外国人労働者問題

郷《ごう》に入《い》れば郷に従え、と言えるのか

外国人労働者の問題と言ったときには、労働条件とか労働環境、給料の問題とか、労働災害の問題とか、労働組合をつくる権利があるかとか、労働者の権利が具体的な問題となっていきます。

一方、移民の場合には、働き手ではない家族も含めてある地域の住民なのですから、住民が直面する問題はすべて、移民も直面するわけです。その一々について、どういう権利をどこまで認めるのか、認めないのか、特別な条件を課すのかを決めないといけません。

たとえば、移民がイスラム教徒で豚は食べられないから、学校給食を拒否できるのかというような話も、これから出てくると思います。

こういうとき、日本の世論は、ともすれば「勝手なこと言うな、郷に入っては郷に従え」というほうに流れやすいですが、異文化と共に暮らすというのは、この種の問題が日々出てくる状況なのです。

極端なことを言うようですが、それが面倒だと思うなら、外国人労働者の受け入れはやめて、日本は労働力不足のまま衰退を待つしかありません。

今のドイツが高い経済力を維持しているのは、これまで移民が働いてきたからなのです。そうしたプラスの面もあるし、外国人による犯罪が起きたり、街の中を歩いてもドイツではないみたいで嫌だ、異文化が目立つところで暮らしたくない、という思いをもつ人が出てくるマイナスの面もある。どちらも事実です。

日本もこれから、プラスとマイナスのどちらも受け入れる覚悟をしなくてはなりません。

習慣のちがいが偏見を生む

次ページの写真はミュンヘンで、二〇一六年に撮ったものです。

確かに、ドイツ人が違和感を覚えるだろうな、と私も思いましたけれども、ミュンヘンの駅の近くの公園に、イスラム独特の黒い服を着たイスラム教徒の女性たちが集まっていました。この人たちは、ここに住んでいる人です。おそらく、難民としてドイツに来た人たちでしょう。

中東の夏はとても暑いので、夕方になって涼しくなると外に出てくる習慣があります。写真を撮ったのは夏で、ドイツでは日が長いので、七時ぐらいになると外に出てきて、お茶を飲み、おしゃべりをしています。イスラム教徒ですから、酒を飲んで騒いだりはしません。

ミュンヘンの公園に集まる、黒い服を着た女性たち

これが、ドイツ人の癇《かん》にさわるのですね。ドイツがドイツではなくなってしまう、という不安を抱くのです。

ドイツでは六〇年前に同じ問題が起きていた

労働者の受け入れ方は国によってちがっていますが、ドイツと同様、イギリスもフランスもオランダもベルギーもスウェーデンも、ほぼ同じ時期から外国人労働者を受け入れてきました。外国人労働者だけではありません。これらの国々は難民も受け入れてきた経験をもっています。そして、その後、彼らは「外国人労働者」ではなく、「移民」として受け入れられました。今では、移民の出自をもっていても、その国の市民となっています。

外国人労働者や難民受け入れの先輩にあたる、ヨーロッパ諸国から遅れること六〇年。ようやく日本は、難民や移民は受け入れずに、外国人労働者だけを受け入れようとしています。

しかし、**来るのは人間です。労働力が来るのではありません。**

大変なことになる、と煽《あお》ろうというのではありません。私はドイツに限らず、ヨーロッパ諸国のケースを見てきましたので、このままでは問題がたくさん起きるだろうな、と思うのです。

人間ですから、欲もあれば、感情もある。怒りも、喜びも、悲しみも、希望も、絶望も、あきらめもあります。これらの面で、私たちとはちがう価値観に根差す人たちが来ることになるのですから。

私たちが怒ることに、怒らないかもしれない。私たちが笑い飛ばすことが、彼らにはひどく不快かもしれない。そのちがいに気づくことがまず大事ですが、問題はちがいに気づいたあと、どういう態度をとるか、なのです。

一九五〇年代から六〇年代にかけて、当時の西ドイツは二国間協定を結んで、外国人労働者を受け入れました。イタリア、ギリシャ、スペイン、ポルトガル、ユーゴスラビア、そして最大の集団はトルコ出身者です。

私は八〇年代から、ドイツ、オランダ、フランスなどの移民社会を訪ね歩いてきましたが、ここではドイツにおける、トルコ人労働者の例を見てみましょう。

日本に一番似ているケースは、多分ドイツだと思うからです。ドイツはドイツ人の血をひいている人間でできている、という感覚を、ヨーロッパの中で一番強くもっている国でしょう。

その意味で、ドイツはどういうことを経験してきたか、正確に知っておくことが重要だと考えるのです。

言葉と教育の問題

八〇年代から九〇年代、トルコ人労働者の第一世代の子どもたちが学校に行きはじめたころに、学校からのドロップアウトが大問題になりました。

ドイツでは小学校から大学まで、授業料は無料です。けれども幼稚園だけは、日本と同じで、私立が多い。すると、お金を払わなければいけません。

当時、トルコ出身の労働者の多くは、母国でも貧しい農村出身でしたから、学校に上がる前の子どもに、お金を使うという発想がなかったのです。母親の手で育てていました。当時、ドイツでお金を稼ぐことが最大の目的だった彼らは、幼児教育にお金を費やそうとはしませんでした。

夫はそれ以前から住んでいるので、一応、ドイツ語をしゃべる。けれども、母国から呼び寄せた妻は、全くできなかったのです。しかも子どもが生まれると、妻が育てていましたから、子どもたちは就学するまで、全くドイツ語を覚えませんでした。

それで小学校に進学すると、その子たちにはドイツ語が全然通じませんから、先生たちが困ったのです。通じなければ、子どもは先生に限らず他人の話を聞きません。ばたばたと教室の中で動き回る。

そうすると、この子は情緒に障害がある、あるいは、知的な障害があると判断されて、特別学校（ゾンダーシューレ）に送られてしまうという事例が続出しました。

このような状態ですから、子どもは勉強だけでなく、学校そのものに嫌気がさして不登校になったり、やめてしまったりという問題が起きたのです。

ところがドイツは、きびしい学歴社会なのです。正確に言うと、どのレベルの学校を卒業したかの証明書が、その先の仕事を左右するという現実があるのです。小学校の次に入る中等教育は、ドイツではいくつかに分かれています。イメージとしては日本の中学校と高校がいっしょになっている感じです。

大学進学を前提にするギムナジウムがもっとも高いレベル。次に、実科学校（レアルシューレ）、そして基幹学校（ハウプトシューレ）です。もともと、基幹学校はもっとも基礎的な教育と実技教育をするので、労働者や職人のための中等教育、という位置づけでした。

トルコ系移民の場合、言葉の問題もあって、基幹学校に進む人が多かったのですが、それすら修了できない人たちが、八〇年代までかなりいました。ギムナジウムとなると、ほんのわずかの人しか進学できなかったのです。

どの学校の場合でも、修了証明を取れると就職の道が広がりますが、途中で退学してしまうと、一気に道が閉ざされてしまいます。きびしい制度ですが、移民たちは従わなければなりません。実科学校のレベルを卒業する人がふつうに出てくるには、三〇年ほどの年月が必要でした。

それでも三〇年ほどの年月を経て、ようやく、教育問題はほぼ解消したようです。夫婦のどちらも二世というケースが増えましたし、二世以降は、男性、女性を問わず、ドイツ人と結婚する人も増えています。

でも、今でもまだ妻を母国から呼び寄せる人はいます。結婚して家族を呼び寄せるのは権利ですから。でもそれをやると、また同じことを繰り返します。彼らとのあいだに、いまだに子どもたちの統合がうまくいかない、という問題があるのは確かです。

九〇年代以降、それに拍車をかけたのが、衛星放送の発達でした。ドイツに住むトルコ人はヨーロッパの放送ではなくて、パラボラ・アンテナを立てて、トルコの番組を見ていました。今ではインターネットで、母国のテレビ番組を見ることもできます。トルコで放送されている多くのチャンネルを見ることができるのです。

親たちは、トルコのドラマ、トルコのニュース、サッカーの試合もトルコのチームが出る試合を見ているわけで、誰もドイツの放送は見なかったのです。

そうすると、いよいよ言葉を覚えなくなり、学校で真面目に勉強しない限り、ドイツ語修得に遅れが出てしまう、という問題がいまだに残っています。

その一方で、子どもがドイツ語を覚えると、兄弟で、お母さんにはわからないドイツ語でしゃべり出します。お母さんに聞かれたくない話など、特にそうです。

これがお母さんにはつらい。それが嫌で初めてドイツ語の学校に行く、という人も多いそうです。

また、どの国でも、移民の集中している地区では、外国人が増えてくるにつれて、その国の人間が出ていってしまう現象が起きています。

おそらく日本でも、ある地区から日本人が消える問題が、必ず起きると思います。

十数年前のことですが、ベルリンのクロイツベルクというトルコ人移民の多かった地区の小学校を訪ねて、校長先生と話したことがありました。校長先生が悲しそうな顔をして、今日、ついに最後のドイツ人の子どもがいなくなりました、と言っていたことを覚えています。

そうなると、その地区の教育水準を引き上げるのは困難です。決して、子どもたちの能力の問題ではありません。教科の内容より前に、言葉の問題が出てくるためなのです。

これは、外国人労働者の問題ではありません。家族の問題です。移民問題というのは、このように家族の生活にかかわる、あらゆる問題を指すのです。

日々の共生と問題

おそらく、政府の外国人労働者受け入れ拡大を前に、多くの日本人は不安を抱いているはずです。

すぐに思いつくのは、ゴミ出しのルールや騒音、治安の悪化でしょう。しかし、ゴミ出しルールのようなものは、外国人もすぐに覚えます。母国では公衆道徳感覚が薄い人でも、日本に来ればこういうルールにはだいたい従います。夜は騒ぐなというようなルールもそうです。

治安の問題は、彼らをきちんと平等に処遇していれば、悪化のリスクは小さくなりますが、安い労働力だからどうでもいいや、という対応をとると、確実に悪化します。そんな扱いをされたら、国に対しても人に対しても、敬意などもつはずがありません。

問題は、外国人が増えると、いろいろな事件が起きたとき、すぐに「中東風の男だった」とか「東南アジア系の男だった」という憶測が、マスメディアを通しても流布されることなのです。

三〇年ほど前、外国人労働者が集中している町を学生たちと訪ねたときのこと。地元の新聞に、宝石店に窃盗犯が押し入ったという記事が載りました。記事によると容疑者は「中近東風」。記者にどうして「中近東風」だとわかったのか尋ねたら、それは警察発表です、という答えが返ってきました。

問題はここにあるのです。人を見て、**中東の人か、東南アジアの人か、ラテンアメリカの人か、わかるでしょうか？**

ある時、地方都市にゼミの学生と調査に行きました。夕方になって仕事が終わると、外国人労働者たちは、故郷の家族に電話するため、駅前に集まってきます。二十数年前には携帯電話が普及していませんから、みな、駅前にある国際電話のできる公衆電話の前に、列を作っていたのです。

私はゼミの学生たちに、その人たちがどこの国の人だと思うかを、尋《たず》ねたのですが、ことごとく当たりませんでした。

中東の出身者かと思ったら、中南米の人でした。東南アジアになると、ほとんど見分けがつきません。「外国人」と一括りにしてしまいますが、**私たちは、彼らのことをほとんど何も知らないのです。**

若い移民たちの悩み

ドイツに出稼ぎに来た、トルコ人を例にとりましょう。ドイツに来て二〇年ぐらい経つと、子どもの世代、つまり二世が主体になります。早く結婚した人だと三世のお子さんもいます。若い人は母国を知りません。トルコ人のケースで言うと、休暇には両親や祖父母の故郷を訪ねる人は多いのですが、若い人はトルコの村や町とは、何のつながりもありません。トルコを自分の母国だとは思えないのです。しかもドイツで教育を受けた人は、トルコ語ができません。

そういう人と会ったことがあるのですが、ベルリンの大学まで進学したトルコ人の女性で、ドイツ語は完璧にできます。ベルリン自由大学に行っている方でしたから、かなりレベルが高い。

ところが、トルコ語で会話すると、学校教育を受けていない人の話し方になってしまう。トルコ語は、母国で教育を受ける機会のなかった両親としか話していないから、当然なのです。

教育未習のレベルでしかトルコ語を話せない人が、トルコへ帰っても仕事をするのは難しいでしょう。

文化的にも、若い人たちは週末にボーイフレンドやガールフレンドとどこへ行こうが、ほとんど何も問題にならないドイツで暮らしてきました。ところが、トルコの地方農村部は、今でもイスラムの道徳に保守的な人びとが多いので、未婚の男女がカフェでお茶を飲んだりすることにも、目くじらを立てる。ドイツで育った若い人には、当然、息苦しさがあります。

両親たちの世代は、多くの場合、トルコの大都市ではなく、貧しい地方の出身者が多く、彼らは大都会のイスタンブールやイズミールで暮らしたこともなく、一足飛びにドイツへ来てしまったのです。

そうすると、文化的なギャップは、とてつもなく大きくなります。

子どもの教育を考えた場合、小学校の教育までドイツで受けたとしましょう。その後、トルコに帰るといっても、子どもたちは嫌なのです。夏休みに親と一緒にふるさとに帰っても、なじめません。地元の村の子たちからは、「アルマンジュ（ドイツ帰り）」と言ってからかわれる。

ドイツの話をすると、ふーん、という顔をされるだけです。

そして、ドイツに居ても、ドイツ人と扱われることはありません。二重に息苦しいわけです。

ガストアルバイターという用語が、一時的滞在の外国人労働者のことだというのは、前に書きました。数十年経っても、こう呼ばれることに、特に若い世代の移民たちはひどく嫌な思いをしていました。

日本でも、時々、ドイツのことを聞きかじった人が「ドイツのガストアルバイターは……」などと言いますが、当事者にとっては差別されていると感じる言葉です。このごろ、ドイツでも、ようやく使われなくなりましたが。

国籍はどうしたら得られるのか

日本では、外国人が日本国籍を取得するときは「帰化」という言葉を使います。ややこしいのですが、「国籍取得」というのは、外国人とのあいだにできた子どもを認知し、その子どものために日本国籍を取得するとき。もう一つは日本人が外国の国籍を取ったことによって日本国籍を失った後、その子どもが日本国籍を改めて取得するときに言うようです。

日本での帰化申請は、申請ができれば、かなりの率で認められています。難民認定をほとんどしないのと対照的ですが、二〇一七年には帰化申請者一万一〇六三人に対して、許可された人は一万三一五人ですから、九割を超えています。

日本に五年滞在していることや、生活できるだけの収入があること、重大な罪を犯していないこと、日本語の基本的な能力があること、思想的に日本の秩序を乱さないこと等が条件にあがっていますが、許可率を見る限り、あまり厳しく審査しているようには思えません。ただし、日本は二重国籍を認めていないので、元の国籍を離脱することを証明しなければなりません。国によっては、そのために必要な書類を集めることのほうが、ずっと面倒なようです。

一つ付け加えなければならないのは、日本の「帰化」というのは、一定の条件を満たせば国籍が取れるという考え方はしていないことです。権利として国籍を得るという考え方ではなく、国の裁量で国籍を与えるというものです。

将来、もし帰化申請者の数が増えた場合、国は一方的に却下することもできます。不服申し立てはできないのです。

ドイツの場合、六〇年も前に外国人労働者を受け入れていますので、九〇年代から、国籍取得が大きな政治問題になってきました。

すでにお話しした通り、ドイツも日本と似ていて、国籍の概念は血統（血筋）によって受け継ぐものと考えられています。これを「血統主義」と言います。あたりまえだと思われるかもしれませんが、世界には、アメリカやカナダ、フランスのように、基本的に生まれたところの国籍を取得できるという、「出生地主義」の考え方をとる国もあります。

血統主義をとる国では、何か共通の理念や価値観をもっていることが、国民の条件にはなりません。血統＝血筋によって自動的に国民が決まってしまうからです。この場合、外国出身の人がどんなにこの国を好きでも、言葉を一所懸命覚えても、帰化が認められない限り外国人のままになります。

それに対して出生地主義をとる国の場合、その国に参加する意志や国民との連帯感が重視されます。その国で生まれると国籍をもらえるというだけでは、国の統一が保てなくなるなどという考え方の表れでしょう。

ドイツでは父親か母親がドイツ国籍をもっていれば、自動的にドイツ国籍をもつことになるのですが、当時、外国人労働者が長く滞在して移民になっても、それだけで国籍を取れる、という考え方はなかったのです。

それでは外国にバックグラウンドがある移民たちが、なかなかドイツ社会になじめない、「統合」が進まない、ということになって、次第に国籍取得の条件を緩和するようになりました。

最初は、ドイツも「裁量帰化」の考え方をとっていて、国が与えてやるという方針でしたが、一定の条件を満たせば国籍を取れるという、「権利としての帰化」の考え方に変わっていきました。

八〇年代までは、一定の年数を合法的に滞在していて、十分なドイツ語能力をもち、ドイツの民主主義や自由をよく理解して、悪いところのない市民であり……というような条件でした。ドイツ語やドイツ社会についての理解のレベルというのは、結局、役所の窓口の職員の判断にゆだねられていました。

一九九〇年の外国人法改正で、八年間、合法的に滞在していて、そのうち六年間ドイツで教育を受け（四年間は普通教育）、一六歳から二三歳までのあいだに申請をすれば、基本的に国籍が取れることになりました。もちろん、罪を犯して重い刑を受けている場合には、その限りではありませんが。このときから、条件を満たせば権利として国籍を得られるようになったのです。

さらに二〇〇〇年に大きな法改正があって、ドイツで生まれたら、二三歳の満了までに自動的にドイツ国籍を得られる、ということになりました。ここが画期的な変更です。従来の、「血統主義」による国籍の考え方を変えて、親が八年以上合法的に滞在し、無期限の滞在許可をもっていれば、国籍を問わず、「ドイツで生まれた子ども」はドイツ人、としたのです。部分的に「出生地主義」を採用したことになります。ただし、二三歳が終わる日までに、元の国籍かドイツの国籍かを選ばなければならない、という条件がつきました。

その後、二〇〇一年九月一一日、世界は未曾有のテロ事件を経験します。アメリカで起きた「同時多発テロ事件」です。犯行グループがイスラム教徒の過激な思想をもつ人たちだったこと、そのうち何人かがドイツに滞在したり、留学したりした経験をもっていたことが、ドイツ社会に危機感をもたらしました。

そこで、移民たちがドイツ社会に共通の価値、ドイツという国を理解しているのかどうかを、国籍取得の条件にしなければならないということになり、二〇〇八年から「移民の統合テスト」が始まりました。ドイツの法の秩序、社会の秩序、それにドイツの歴史や文化についての設問がならび、半分を超える正解で合格します。

そして二〇一四年の国籍法改正で、国籍選択の義務を廃止したのです。二一歳の時点で、八年間ドイツに滞在していて、六年間ドイツの学校に通って、卒業したか職業教育を終えている、という条件をクリアすれば、前の法律で定められていた、元の国籍かドイツ国籍か、どちらかを選ぶ必要がなくなりました。ついにドイツは二重国籍を認めたのです。

現在、ドイツの総人口はおよそ八二〇〇万人ですが、そのうち一一パーセントが外国人、一二パーセントが移民に出自をもつ人です。つまり、外国人、移民を合わせると、すでに人口の二〇パーセントを上回る数の人がいることになります。外国人のうち最多は今でもトルコ出身者で、二八〇万人近くに達しています。

外国人労働者としてドイツに入った人たちで、トルコの次に多かったのは、かつては南ヨーロッパのギリシャやスペインからの労働者でしたが、冷戦が終わった後は、ロシアやポーランドの人たちが増えています。

ドイツにおける摩擦

生活のレベルで、難民や移民をめぐって起きている摩擦というのは、どういうものなのでしょうか。

ドイツの場合、五〇〇万人近いイスラム教徒（ムスリム）が暮らしています。イスラムでは、一日に五回、礼拝の時刻になると、それを知らせるアザーンという呼びかけをモスクから流します。モスクにはミナレットという塔がありますが、もともと、人が塔の上から礼拝を呼び掛けていました。今は、スピーカーから流れます。

スピーカーから大きな音で流すと、街の静寂を乱しますから、ドイツのモスクでは外に声が漏れないようにしています。イスラム教徒からすると、教会の鐘の音はいいのに、モスクのアザーンはだめなのか……と内心では思っているようですが、もちろん、ドイツに暮らしているので、そんなことを言い立てたりはしません。

問題になるのは、そのミナレットのほうです。西部の都市ケルンに巨大なモスクがつくられたとき、ミナレットが高すぎるという理由で、建築許可の見直しが求められました。イスラム教徒側は結構気をつかって、モスクのデザインはモスクらしく見えないようにしたのですが、ミナレットで揉めてしまいました。ドイツでは、隣にあるキリスト教会の塔よりも高いのはダメだ、という基準を設けているところもあります。

モスクには塔がなければいけない、とイスラムの教えで決まっているわけではありませんから、それほど深刻な対立にはなりません。でも、中東に行けばモスクにはミナレットが付いていますから、イスラム教徒にしてみれば、せっかく自分たちでお金を出し合ってモスクを建てるのだから、ミナレットのある立派なものにしたかったのです。

スイスでは、二〇〇九年に国民投票で、ミナレットのあるモスクの建設を禁止してしまいました。

これがそのときのミナレット建設反対の、キャンペーンのポスターです。ここまで来ると、イスラム教徒の住民は良い気持ちがしませんよね。

次の話は、もっと日常的な摩擦です。ノルトライン・ヴェストファーレン州のデュイスブルクという、外国人労働者が早くから集中した町で聞いた話です。ここは、ドイツ有数の工業地域です。

ドイツの都市部では、ふつうは庭のない集合住宅に暮らしています。そのため、日本の市民農園のような、まとまった区画があって、そこにクラインガルテン（Kleingarten ＝小さな庭）を借りて、小屋を建て、きれいに芝を植えたり、花を育てたりします。そこで家族でお茶を飲んだりするのです。これはドイツ人の愉しみです。

ところが、トルコ人がその権利を買うと、豆を植えたりトマトを植えたりしました。みんな花を植えているのに、どうして豆や野菜を植えるのかと尋ねると、花は食べられないでしょ、と答える。ふるさとの味を懐かしむ労働者たちが、トルコ料理に使う野菜を育てていたのです。

ところが、隣のドイツ人たちは、舌打ちしていました。なんで彼らは秩序を乱すのだろうというわけです。

庭に花を植えなければいけない、という法律があるわけではないの

ミナレット建設反対のポスター

で、野菜をつくってもいいのです。けれどもドイツ人は誰もつくらない、トルコ人はつくる。これは警察に言ってもしようがない問題です。

警察に通報された例もあります。トルコ人はきれい好きで、洗濯を欠かしません。でも夫婦共働きだと、働いている日には洗濯できない。だから、日曜日に洗濯します。

これをドイツでやると、犯罪者扱いされます。

日曜日はキリスト教の安息の日です。現代では、労働者が日曜日に休む権利を保障するため、という意味もあります。安息日に、人の安息を乱すような労働をしてはいけませんということで、日曜日に洗濯をしているトルコ人をみつけると、警察に通報してしまうドイツ人がいたようです。

イスラム教徒のトルコ人は、どうして日曜日に洗濯して干してはいけないのか、当初、全くわからなかったそうです。

最初の摩擦は、そうやって起こるのです。

トルコ人やモロッコ人は、週末の夜になると友達を呼んで騒いだりします。彼らはふつうお酒を飲まないのですが、友達が来るのをすごく楽しみにしているので、お茶とお菓子で宴会が

上:ドイツの都市部にある、小さな庭、クラインガルテン
下:家庭農園になったクラインガルテン

はじまります。でもドイツでは、夜は静かにしなければいけない。これはドイツ社会ではかなり一般的なルールです。

そうすると、警察に通報されます。警察は捕まえるわけではなくて、苦情が出ていますと言いに来る。

もっと厳しい話もありました。トルコから新しく来た人たちがいた場合、すでに滞在しているトルコ人が「うちに泊めてあげるよ」と必ず招きます。ホテルに泊まる金銭的余裕がない人が多いですから。場合によると、狭いところにたくさんの人が住むことになります。

そうすると、ドイツ人が警察に通報します。健康的に居住できる面積に住んでいない。ここは定員三人のはずだ、一〇人いるじゃないかと。

実はドイツの法律には住まいに関する規定で、一人当たり何平方メートル必要と定められていて、場合によると退去させられるか、同居人を追い出すよう命令されます。

トルコ人であれ、モロッコ人であれ、イスラム教徒というのは助け合いの精神が豊かな人たちですので、このケースも「困っている友人を助けてなにが悪いんだ」と、反発が起きました。

ドイツの警察が外国人に嫌がらせをしていると思い込んだ人も、多かったそうです。

こうしたトラブルは無数にありましたので、生活や労働に関係する法律やルールを理解してもらうために、当時（一九九〇年代のことです）、市役所に行くと、それらを一〇以上の言語で書いたパンフレットが並んでいました。

現在、日本が進める、技能実習から外国人労働者への移行政策を見ていると、一五以上の国から労働者を募集するつもりのようです。実際にはすでに留学生や技能実習生が働いていますが、それこそ七〇～八〇ぐらいの国から人が来て働いているかもしれません。

日本の自治体は、どうするのでしょう？途方もない負担が自治体行政の現場にかかってくることは、避けられそうもありません。

洗濯物を干す風景

文化の差が摩擦を生む

なじまないという例で言えば、水泳の授業が男女一緒ということも、問題になりました。イスラム教徒にしてみれば、なぜ男と女が一緒に泳がなければいけないのか、理解できない。イスラム教徒の場合、男女とも性的なところは他人に見せてはいけません。水着というのは身体のラインを出してしまいますから、特に女性の場合、強い抵抗があるのです。

最近、フランスで話題になったイスラム教徒の女性用の水着があります。なんとか体のラインも出さず、イスラムで覆うべきだとされる髪の毛や喉元、うなじなども隠してしまうタイプのものですが、以前はありませんでした。アフガニスタンの女性たちが身につける全身を覆う衣服ブルカとビキニを合わせてブルキニと呼ばれます。二〇一七年に行われたドイツ連邦議会の選挙で躍進したＡｆＤ（ドイツのための選択肢）という反移民・反イスラムの政党は、なんと選挙キャンペーンで「ブルキニ」にＮＯ、ビキニのほうが良いなどという差別的なポスターを使っていました。

水泳の授業になると、参加を嫌がるイスラム教徒の女子生徒が少なくありませんでした。

彼女たちも、水泳の授業が大事だということはわかるので、女性だけの水泳のクラスをつくってほしいと言うのですが、男女一緒で何の問題もないと思っているドイツ（他の国でもそうですが）では通用しません。

文化摩擦というものは、最初は自分たちの価値観で、こうあるべきだと言っていたのが、ひょっとしてちがうかもしれないな、と思うことで変わることはあります。

その点で、ヨーロッパ人より日本人のほうが柔軟かもしれません。言えばわかる、理解できる、と。ヨーロッパ人はその点、自分たちの価値感を押しつけようとしがちですから、変えていくのは、なかなか難しいでしょうね。

「ここは私のワンちゃんの道よ」

八〇年代の末に初めてドイツに調査に行ったとき、一つ驚いたことがあります。トルコ人が歩道を歩いていると、「ここは私のワンちゃんの道なのに、どうしてあんたがいるの」というようなことを言われる。そうした話を何度も聞いたので、一般的に言われていたのだと思います。

九〇年代になると、ヘイトスピーチが激しくなっていきました。ただ、当時は相手が「イスラム教徒だから」、あるいは「イスラム教徒であること」を嘲《あざけ》ったり罵《ののし》ったりするものではありませんでした。

ドイツはドイツ人のもの！　外国人は出ていけ！　トルコ人は出ていけ！　という類のヘイトスピーチでした。

ところが二〇〇一年にアメリカで九・一一同時多発テロ事件が起きてからは、ヨーロッパ諸国でも、イスラム教徒の移民や難民に対する憎悪が激しくなりました。

その後、ドイツはキリスト教の国なのだから、イスラム教徒には居てほしくない、イスラム教徒が多すぎる、モスクは目障りだということを、ごくふつうの市民が公然と発言するようになります。

この程度では、ヘイトスピーチとはみなされません。人種や民族とちがって、宗教はどれが良いか、どれを信じるかについて選択の余地がありますから、好き、嫌いを言っても、ただちに差別とは言えないからです。

「イスラム教徒はテロばかり起こす野蛮な連中だから出ていけ！」というように、イスラム教徒すべてを敵視するような発言は、ヘイトスピーチになります。

今やドイツに限らず、ほとんどのヨーロッパ諸国で、イスラムとイスラム教徒に対するヘイトスピーチは、抑えることができないレベルに達しています。

二〇一五年に、シリアなどからイスラム教徒の難民がヨーロッパに殺到して以降、ますます歯止めが利かなくなってしまいました。

モスクに行く子どもたち

移民の子どもたちがティーンエイジャーになったときに、学校をやめないようにと、ドイツやヨーロッパのNGOは、演劇を一緒にやろうとか、音楽を一緒にやろうという活動を始めました。

そういう場の一つが、ベルリンのクロイツベルクという、移民がたくさん住む地域にあります。私も訪ねたことがありますが、「これではイスラム教徒の子どもたちは来ないだろうな」と思いました。

なぜかと言うと、たとえばトイレに、コンドームの自動販売機が置いてある。カウンターではソフトドリンクだけでなく、ビールも売っている。

ドイツでは、エイズ対策のために、ティーンエイジャーの集まる場所には、コンドームの自動販売機を置いているのは、ごくあたりまえのことです。

イスラム教徒は自分の娘がそういうところに行きたいとなると、親が見に来る。そして、これは冗談じゃない、そういう行為をそそのかしているにちがいない、と思ってしまいます。

そうなると、子どもを寄越さなくなる。NGOの人たちは熱心にやっていましたが、残念ながら、相手の文化を踏まえた上での活動は、本当に難しいのです。

そういう子どもたちはどこへ行ったかというと、モスクに行きました。モスクでは、同じイスラム教徒の大学生たちが、補習をしてくれるのです。

そうすると、だんだんイスラム教徒としての意識が強くなり、さらにドイツ社会では孤立していきます。

もうドイツなんかいいや、自分はイスラム教徒として生きていくんだという気持ちになって、さらに統合が進まなくなります。この傾向は、ドイツに限らず、ヨーロッパ諸国に広く見られたのですが、どの国でも対応に失敗しました。

フランスでは二〇〇五年に、イスラム教徒の移民が集中するパリ郊外の団地で、少年たちが警察と衝突して大暴れしました。フランスでは、「自由・平等・博愛（同胞愛）」と言われますが、彼らは自由でもなければ平等でもなく、愛されてもいないことをよくわかっていたのです。

フランス政府は、移民の若者たちが社会の中に居場所をみつけていく政策を、実現できませんでした。その結果が、一〇年後、二〇一五年にパリを襲ったイスラム過激派による大規模な同時多発テロにつながったのだと、私は思っています。

イギリスやオランダのように、移民たちに同化を強制しない国でも、結果は同じでした。同じ文化、同じ宗教をもつ人同士、集まって暮らすことの自由を認めてきた結果、かえって孤立が進んでいきます。

オランダでは、アメリカでの九・一一同時多発テロ事件（二〇〇一年）をきっかけに、イスラム教徒の移民たちに対する憎悪が急激に高まりました。それ以前は、異文化への寛容をいちばん積極的に謳《うた》っていた国だったのですが、今やヨーロッパでも有数の、反移民・反イスラム教徒の主張が強い国になりつつあります。

移民や難民が多すぎる、彼らに出ていってほしいという声は、世界的に高まっているのですが、そのターゲットとなっているのは、多くはイスラム教徒の移民や難民なのです。

日本でも外国人労働者の受け入れとともに、イスラム教徒の数は確実に増えていくでしょう。今、朝鮮半島の出身者や中国の人たちに向けてヘイトスピーチをする人がいますが、イスラム教徒の人たちに対する怒りも、いずれ、高まっていく可能性はあると思っています。

移民の子どもたちのための補習教室（1990年代のベルリン）

第 6 章

100万人の
ジャーニー・オブ・ホープ

ヨーロッパの国境はどうなっているか

ヨーロッパでは、「シェンゲン圏（一九八五年の「シェンゲン協定」が適用される領域）」と言いますが、イギリスなどいくつかの国を除くＥＵ加盟国にスイス、ノルウェー、アイスランド、リヒテンシュタインを加えた国々の間では、基本的に国境検問がありません。

たとえば皆さんが、パリに行くとします。そこからイタリアに旅行して、次にドイツに旅行して、日本に帰るとしましょう。

最初にパリに着いたときに、パスポートにはスタンプが押されます。これでＥＵに入ったことになります。

パスポートには、「Ｆ」の字と飛行機のスタンプが押されます。飛行機でフランスに入りました、という意味です。左上にはＥＵのマーク。右向きの矢印のあるスタンプは、ここで入りましたというものです。

フランスからローマに行く飛行機は、いわば国内線の扱いになります。私たちの感覚だと、フランスとイタリアは別の国ですが、検問がないので、ここでは何のスタンプも押されません。次にドイツに入るときもＥＵ加盟国ですから、何も押されません。

最後にドイツのミュンヘンから日本に帰る場合、今度は左向きの矢印と、「D」のマーク、そして飛行機のマークと、またEUのマークを押されるのです。ここであなたは、EUを離れたことになります。

中欧の小国スロベニアの驚愕

二〇一五年九月、中部ヨーロッパの小さな国スロベニアに、突然、シリア難民が押し寄せてきました。クロアチアとの国境、ドボヴァという町です。

スロベニアもEU加盟国です。クロアチアは現在EUに入っていますが、当時は国境検問廃止の準備中で、検問がありました。ただし、パスポートを見せるだけですが。

日本人もEUの中を動いている分には、基本的に、パスポートを提示する必要はありません。

いきなり今まで見たこともない人が、こ

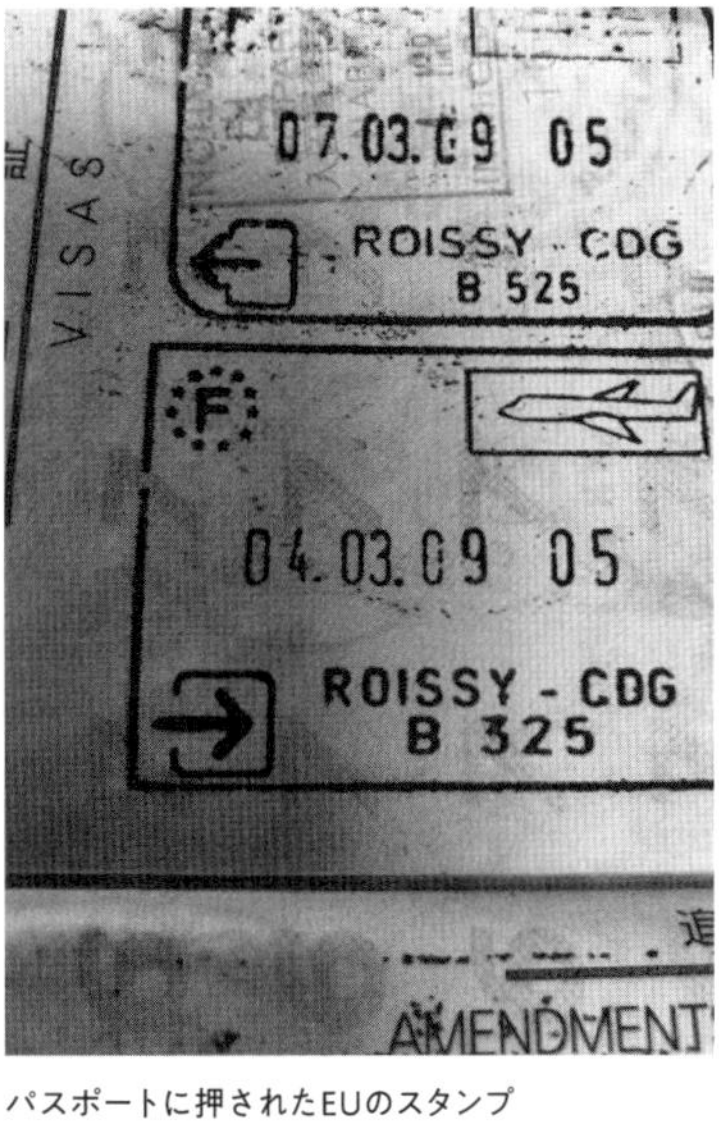

パスポートに押されたEUのスタンプ

の中部ヨーロッパの町に現れたのです。その数は、二〇一五年九月から二〇一六年三月までの間に、およそ五〇万人に達しました。

スロベニアの総人口は二〇〇万人ですから、大変な数です。人口の四分の一、日本で言うなら三〇〇〇万の難民が、突然現れたという感じでしょうか。

警察の人に訊いたら、警察官は全国で五〇〇〇人しかいないのに、それを集めたので、そのあいだに別の場所で事件が起きても、対処できなかったと言っていました。

幸いスロベニアは治安がとてもいいところで、殺人事件もほとんど起きません。それでも難民たちを誘導したり、必要な手配をしたりするのに必要な警察官の数が足りないので、周りの国の警察にまで応援を頼んだそうです。

警察官を他の国から呼んでくることなどなかなかありませんが、国境警察の人は、他の国の警察と意見交換できてよかった、と言っていました。

それでも、住民にはたいへんな恐怖を与えたのです。

なぜ突然難民はスロベニアに押し寄せたのか

どうして難民たちは、二〇一五年の九月になって、スロベニアに殺到したのでしょうか。

彼らはクロアチアから来たのですが、その前は、セルビアにいました。本当はセルビアからハンガリー、ハンガリーからオーストリアに行こうとしていたのです。

二〇一五年九月、ハンガリーのヴィクトル・オルバン首相の政権は、多数の難民が押し寄せたので、セルビアとハンガリーの間に万里の長城のように長いフェンスを張ったのです。

ハンガリーが国境を閉じてしまったために、クロアチアを経由してドイツに行こうとすれば、スロベニアを通らざるを得なくなりました。

難民が通ったルートをたどってみま

**ドイツへの難民移動ルート
2015年**

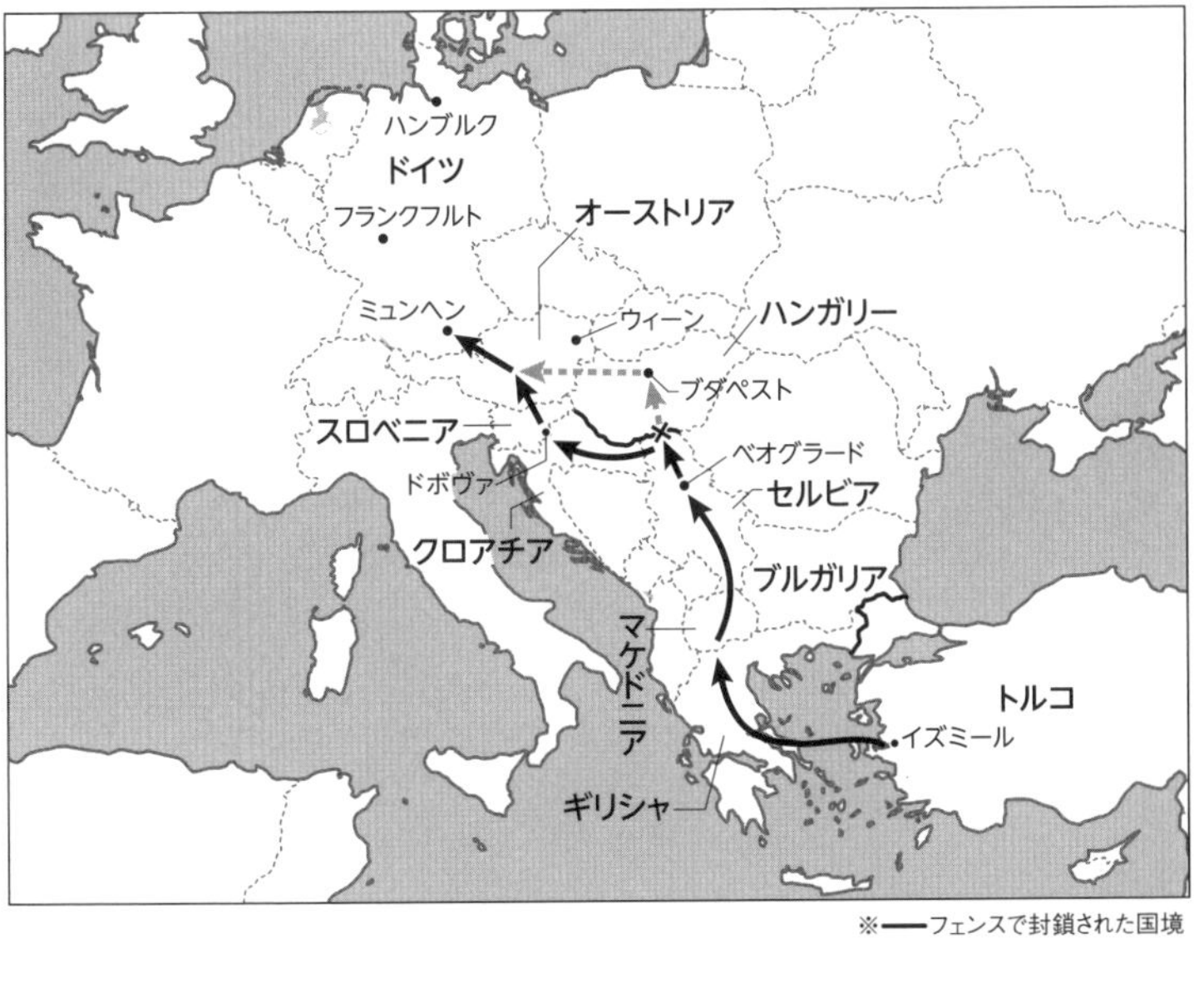

※━━フェンスで封鎖された国境

しょう。彼らは、シリアの激しい内戦を逃れてトルコに逃れました。トルコの西部、イズミールから沖合のギリシャの島に密航し、本土に渡って、マケドニアに入って、それからセルビアに入ります。

そこからハンガリーに向かったのですが、フェンスを張られて通過できず、やむなくクロアチアに入り、スロベニアに入る。スロベニアからオーストリア、オーストリアからドイツ。南からドイツのバイエルン州の州都ミュンヘンに入っていきました。

なぜ難民は生まれたのか

問題の原点はシリアで二〇一一年から続いている内戦です。そのために大量の難民が発生し、彼らはトルコからヨーロッパに向かったのです。

特にシリアの北部は、政府軍の攻撃が激しく、多くのシリア人が難民となってトルコに逃れました。

内戦がはじまって数年経つころ、トルコの西の都市、イズミールに難民たちが続々と集まってきて、ブローカーに金を払い、そこからギリシャに密航したのです。

ギリシャもEU加盟国ですが、当時、財政危機に陥っていました。次のEU加盟国に到達するには、当初、マケドニアとセルビアを通って、ハンガリーに行くしかありませんでした。

そしてハンガリーのブダペスト東駅に、難民が殺到したのです。二〇一五年の夏、駅は難民収容所のようになってしまいました。

毎日通勤する人も、観光客も、駅にはたくさんいるわけですから、一体何が起きたんだという驚きは、想像を絶するものがあったでしょう。

難民を受け入れたドイツ

ドイツやフランス、オランダやスウェーデンも、ハンガリーで何とか対応してくれないか、と思っていたかもしれません。

ところが、ハンガリーはそんな状況では全くありませんでした。これ以上人が来てしまうと、国内で暴動が起きるかもしれない。先にお話ししたように、セルビアの国境にフェンスを張ってしまいます。

だったらドイツが引き受けざるを得ない、というのが、ドイツのメルケル首相の判断だったのです。ドイツは、世界的に見ても特異なのですが、世界中のどこでも政治的に迫害を受けた人は、ドイツに受け入れを請求できるという「基本法（憲法）」の条文（第16条a、「庇護権」）をもっています。

そのため、冷戦の時代には社会主義国から、冷戦後には旧ユーゴスラビアの内戦やアフリカでの内戦、そして中東での紛争を逃れてきた人びとを数多く受け入れてきたのです。

しかし、紛争が起きるたびにドイツをめがけて難民が殺到するのでは、国はもちこたえられません。

そこで、ドイツに来る前に、安全な国を通過している場合には、その国で難民として登録することを求め、ＥＵ諸国といくつかの国とで「ダブリン規約」というのを定めたのです。ドイツに来る前にダブリン規約の加盟国を通っていると、その国に送り返すことができる仕組みです。

しかし、二〇一五年の、このヨーロッパ難民危機では、ハンガリーで国民と難民のあいだで一触即発の事態になっていることに懸念を深めたメルケル首相は、この「ダブリン規約」を一時停止すると宣言しました。

つまり、どこを通ってきても、ドイツで難民の登録や庇護の申請をすればよいと、難民たちに告げたのです。

そのころ、私はイズミールにいたのですが、難民たちは期待に顔を輝かせていました。

「メルケルがウェルカムって言ってくれた！　ドイツに行くんだ。そのためになんとしてもエーゲ海を渡ってギリシャに行かなくちゃならない！」

所持金に余裕のある人は、船頭とエンジン付きのボートで、余裕のない人は船頭もエンジンもないただのゴムボートで、海に乗り出していったのです。


このように、シリア、あるいは他の中東の紛争地域から逃れた人たちは、たくさんの国を経由して最終目的地まで行っています。

たくさんの国がかかわっているのですが、最後は押しつけ合いになるのです。

押しつけ合いになった状態をそのまま放置すれば、おそらく難民たちとその国の人たちとのあいだで大きなトラブルが起こりかねません。その事態を回避するためには、どこかの国が受け入れざるを得ませんでした。ドイツがそれをやったのです。

しかしドイツはそれをやったために、その後、二〇一七年の連邦議会選挙で、排外主義を叫ぶ政党ＡｆＤが躍進、議会に多くの議席をもつ事態になってしまいました。

これは深刻なことです。ＡｆＤは難民の受け入れに反対し、イスラム教徒が増えることで、ドイツがドイツでなくなってしまうと訴えて、多くの市民の支持を集めているのです。

ドイツは第二次大戦後七〇年間にわたって、自分で自分の手足を縛ってきました。もう二度と人を迫害したり、ジェノサイド（集団殺戮《さつりく》）を起こしたりしないという。その**手足を縛ってきた紐を、ついにドイツは切ってしまったのかもしれません。**

不幸なことに、難民を守るための決断をしたメルケル首相自身が、排外主義政党の台頭を招いてしまったとも言えるのです。

トルコとEUとの約束

二〇一六年三月、ＥＵはたまりかねてトルコとの間で約束を交わしました。トルコ側が沿岸警備を強化して、難民を国外に密航させない代わりに、ＥＵは三〇億ユーロをトルコに支払い、トルコ国民に対してシェンゲン圏内のビザなしの渡航を認める、というものです。しかし、支援金は二〇一九年二月時点でも一部しか払われておらず、ビザなし渡航も認められていません。

これによってＥＵは、ＥＵ側にいる明らかに難民ではない人たちを、トルコに送還し、トルコ側もシリアからの難民を同数、ＥＵ側に送ることになったのですが、これも遅々として進んでいません。

トルコ側は、ＥＵとの約束を守って沿岸警備を強化しています。

ギリシャ側のレスボス島というのは、難民が殺到した島のひとつですが、ギリシャ政府は観光にダメージがあるということで、最初、港の近くにいた難民を、島の中心から離れた収容施設に閉じ込めてしまいました。イギリスの人道援助団体OXFAMは、医療をはじめ、収容施設の環境があまりにひどいことを指摘しています。

もちろん、大半の人はギリシャ本土に渡り、そこからヨーロッパに向けて四〇〇〇キロにわたる旅を続けたのですが、遅れて来た人たちは、レスボス島、その南のキオス島、もう一つ南のサモス島などの島に留めおかれたままです。一万五〇〇〇人もの人びとが、これらの島に残されているそうです（二〇一九年一月八日、Guardian紙）。

果てしない紛争

今、中東、アジアやアフリカで、紛争や内戦で国が崩壊するところが相次いでいます。シリア、イエメン、リビア、ソマリア、南スーダン。アフガニスタンはタリバンが勢いを盛り返しています（二〇一八年時点）。奇妙な独裁体制で難民の流出が続くエリトリア、不安定なままのマリ、ナイジェリア、コンゴ民主共和国。膨大な数のロヒンギャ難民を生みだしたミャンマー。国の秩序の崩壊とまでは言えないけれど、とても安心して暮らせる状況にない国は増え続けています。この本では扱っていませんが、経済が破たんしたベネズエラなど、中南米の国々からも人びとが流出しています。

つまり、**これだけの国が「壊れて」いるのです**。

次の表は、ヨーロッパへの難民申請者の数を出身別に表したものですが、シリアがトップ、二番目がアフガニスタン、三番目がイラク、次がコソボ。アルバニア、パキスタン、エリトリア、ナイジェリア、イラン、ソマリアと続き、ヨーロッパに難民申請した人が一三二万五〇〇〇人に達しています。これは、二〇一五年の統計ですから、まだ増え続けているでしょう。

難民申請した相手の国で見ると、ドイツが一番多いです。次にスウェーデン、ハンガリー。ドイツは、先に書いたように、二〇一七年、ＡｆＤという排外主義政党が、第三党に躍進しています。ハンガリーは、すでにオルバンの排外主義の政党が、与党の地位にあります。

北欧の人権、自由、平等、多様性を尊重する国だと思われていたスウェーデンでも民主党というナチズムを礼賛する政党が、いまや第三党となっています。デンマークやフィンランドでも難民や移民に反発する政党が誕生しました。

この傾向は今やヨーロッパ全土に広がっています。

アメリカのトランプ政権も、メキシコとのあいだに壁をつくって流入する移民を阻止しよう

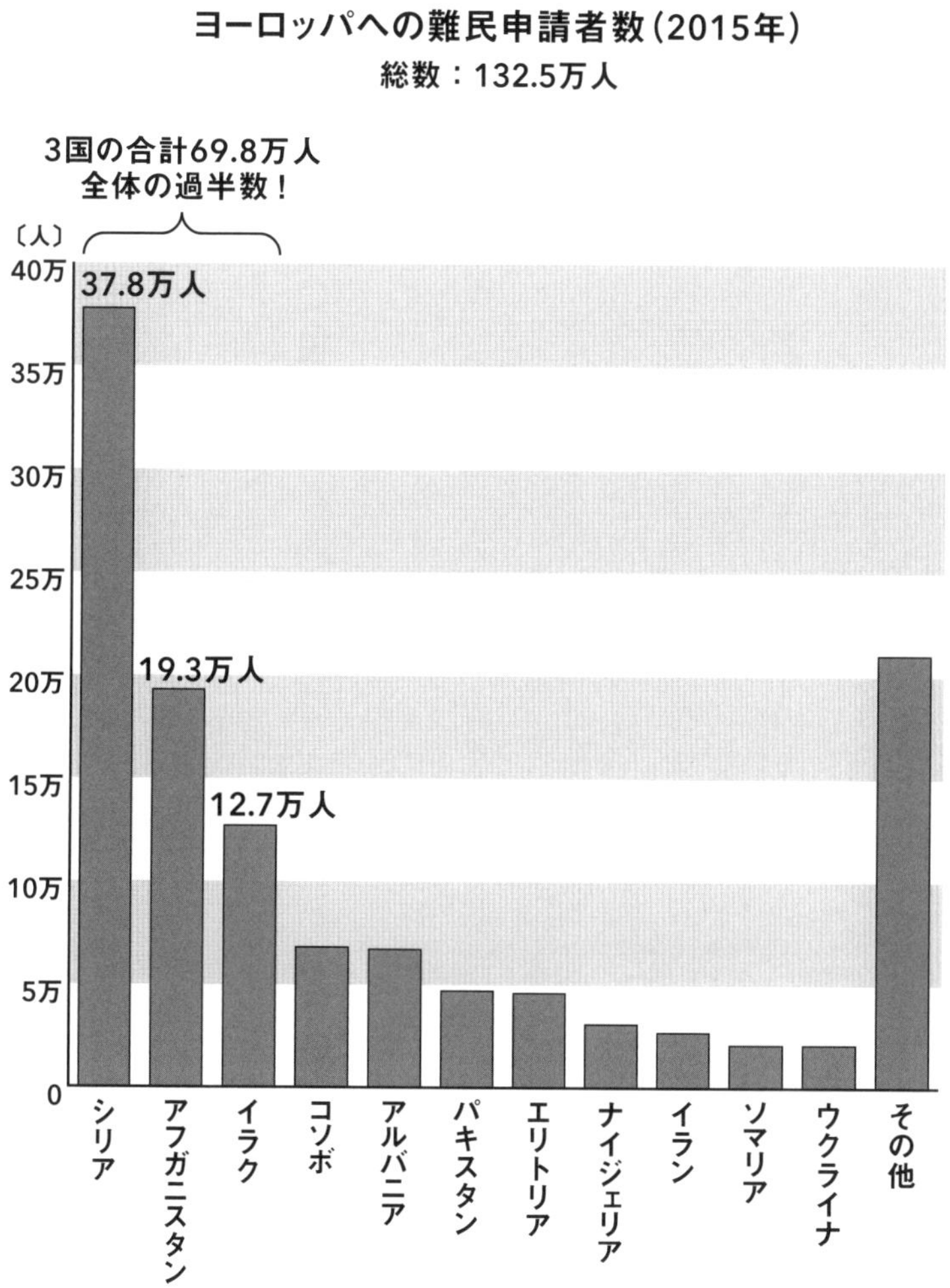

※Pew Research Center analysis of Eurostat data, accessed June 22, 2016 より作成

としていますし、イスラム圏から来る人を入国させないという乱暴な政策をとっています。移民大国のアメリカでさえ、国境を越える人の移動を止めようとしているのです。

恐ろしいことですが、すでに世界は、異質な人間を排除してもかまわない、という方向に変わりつつあるようです。

イズミールに殺到した難民

次ページの写真は、私が二〇一五年の九月に、トルコのイズミールで撮ったものです。この子たちはみんなシリア難民です。黒い袋を持っています。中は救命胴衣です。ものすごい数の人たちがこの町からギリシャに出ていくのですが、トルコ政府は止められませんでした。捕まえることももちろんしません。

外国のメディアも入っていましたから、救命胴衣を堂々ともって歩かずに、黒い袋に入れなさいと言われているのです。

みんな同じようなリュックを背負っています。どれも新品ですが、これらはすべて寄付です。**イスラム的な感覚で言うと、困っている人に物をあげる場合は、中古品は贈りません。**日本ではよく中古品、不用のものを、被災された人に寄付するようですが。

イスラムの人たちは、ちゃんと新品を買って贈ります。市民が寄付して、あるいは業者が出す場合もあります。だからこの子たちはみんな小ぎれいな身なりをしていました。

ＮＧＯから着るものやリュックなど、全部もらっているのです。しかもこれから密航を企てて、実際には死の航海になることも多いのに、そういう悲壮感はありませんでした。

バスターミナルからバスで、エーゲ海の沿岸のいくつかの町に運ばれて、そこでまた次のブローカーが来て、何時にこの浜で待てと言われます。そうするとボートが来る。

ひとり大体、日本円にして一四〜一五万円ですね。ただ、船外機があるのかないのかによって、全く値段が違います。

イズミールのシリア難民

ちなみに、トルコ側の海岸からギリシャ側の島までの距離は、一番近いところだと四キロから五キロ。アラン・クルディ君の遺体が打ち上げられたボドルムという町も、ギリシャ領のコス島からわずか四、五キロでした。それでも、途中でボートが沈没してしまったのです。非常に粗悪なボートでした。

ブローカーはみんな、エンジンは日本製だと言いますが、にせものです。救命胴衣にも日本企業の名前が書いてありますが、これもにせもの。そもそも救命胴衣ではなくて、発泡スチロールを、オレンジ色の布でくるんだだけのものでした。

水上バイクならば島に五分で着きます。その場合は一人三〇万円だそうです。お金のない人はゴムボートですが、船外機がすぐに壊れて故障してしまう。もっとひどい場合は、船外機もありません。レジャー用の、子どもを遊ばせるためのビニールボートのオールを、みんな持っているのです。そんなものでは、たとえ四、五キロといっても簡単には着きません。

そもそも大半のシリア人は、泳ぎを知りません。五人乗りのボートに一〇人ぐらい乗り、一〇人乗りのボートには二〇~三〇人が乗っている、という状態でした。

新聞の一面に載った、アラン・クルディ君の遺体の写真を見ると、見出しにUTAN DÜNYA!（世界よ、恥を知れ！）と書いてあります（53ページ参照）。

遺体の写真が世界のメディアに出たのは、クルディ君がきれいな格好をしていて、傷がなかったからなのです。

これを撮影したのは、トルコの通信社の女性記者です。直後に彼女のインタビューをテレビで見ましたが、絶望と悲しみと怒りに満ちていました。多くのトルコ人も、同じ思いでした。この写真に、多くの国ではぼかしをかけましたが、トルコの新聞は、惨状を世界に知ってもらうために、あえてかけませんでした。

難民をかくまった話

この二〇一五年の夏、私はイズミール県で夏を過ごしていました。家の下の桟橋からも、毎日のように難民たちのボートが出ていきました。ある夜、犬がほえるから何だろうと思ったら、シリア難民の青年が海岸から這い上がってきました。

私が最初に留学したのはシリアでした。その時に使っていたシリア方言のアラビア語を覚えていたので、その青年に話しかけたら、ダマスカスの大学生でした。しかし、大学に入ったころに内戦が起きて、国内をさまよったあげくトルコに逃れ、四年を経てイズミールまで到達したとのことでした。

手配業者に指図されるままイズミールから一〇〇キロほど離れた町まで来て、バンに詰め込まれ私の家の近くで降ろされたそうです。下の浜で待てと言われたのですが、結局業者が現れなくて、お金だけ取られたとのことでした。

これからどうするのかと訊いたら、もう一度イズミールの中心まで行って、その業者と交渉するんだ、と言っていました。

そこで彼を近所の人と一緒に、しばらくかくまいました。警察が巡回しているので、捕まると収容施設に入れられてしまいます。

まわりのトルコ人たちは、毎日のようにエーゲ海を密航しようとする難民たちに同情していましたし、金を巻き上げるブローカーに対して、怒っていました。

難民が自分の家の目の前に現れたら、警察に突き出そうとはしないで、なんとか手助けしようとしていたのです。

ブローカーは密航者を海岸に運ぶときに、後ろに窓のないバンタイプの車に難民を詰め込んでいました。ガラス窓があると見えてしまいますから。

そういう車が昼の間に、密航場所の下見のために、ぐるぐると家の近くを走っているのに、私も気がついていました。

ある朝、町のバスターミナルに行くと、大勢のシリア人が憔悴《しょうすい》しきった表情でバスを待っていました。みな密航業者にだまされて、海を渡れなかった人たちです。

そこに一匹の野良犬が迷い込んできました。一人の男性が、犬を撫でて話しかけています。訊くと、シリアでは獣医だったそうです。犬を撫でているそのときだけ、彼はおだやかな表情を浮かべていましたが、すぐにまた深く沈んだ表情に戻っていきました。

思わず「お茶を飲みませんか」と声をかけたのですが、みな、微笑みを浮かべるものの、腕を胸に当てて、「ありがとう。でも結構です」というしぐさをしました。

救命胴衣を買い求める人びと

誰が難民なのか

ここまでお話ししたように、エーゲ海を渡ろうとした人たちの多くは、シリアやイラクからの難民でした。

しかし、アフガニスタンからの人の数は、シリアに次いで第二位の多さです。

前にも書きましたが、アフガニスタンには政府があるし、アメリカや日本とも外交関係があります。アフガニスタンのガニ大統領は、「我が国には警察もある、ちゃんとした国家だ。そこから逃げていく者を難民として扱う必要はない」と言っています。

今のアフガニスタン政府は、どうやって誕生したのでしょうか。二〇〇一年までアフガニスタンは、タリバンという急進的で過激なイスラム勢力が支配していました。アメリカは、九・一一同時多発テロ事件の首謀者オサマ・ビン・ラディンをかくまっていたとして、タリバン政権に戦争を仕掛け、あっという間に政権は崩壊します。

その後に、アメリカなどがつくらせたのが、カルザイ大統領の政権でした。現在のガニ大統領は彼の後継者です。

いわばアメリカがつくった政権で、アメリカと同盟国の軍は、その後もアフガニスタンに駐留を続けました。二〇一八年一二月、アメリカのトランプ大統領は駐留軍の大規模撤退を表明していますが。

一度滅びたかに見えたタリバンは、その後勢いを盛りかえして、国土の七割近くを制圧しているとも言われます。

タリバンによる攻撃やテロはまったく治まらず、政府軍やアメリカ軍の誤爆で命を落とす国民も増え続けています。

この状況にたえかねて、国を去る人びとは少なくありません。命の危険だけでなく、いっこうに経済が発展せず、貧しいままの暮らしに絶望して、ヨーロッパをめざす人も急増しています。

現実にはアフガニスタンは、非常に複雑な

密航の手配業者を待つ難民

民族構成で、多数派はスンニー派のパシュトゥーン人ですが、少数派の中にハザラ人という人たちがいます。彼らはイスラムのシーア派です。今、スンニー派のタリバンが急速に復活しているので、ハザラ人は迫害を受け、殺される危険もあります。

ですからハザラの人たちについてはドイツも、いちがいに難民認定を拒んではいません。しかし、多数派のパシュトゥーン人で、かつ、家や畑を売って旅行の費用をつくってドイツまで来たとなると、違法に国境を越えた移民とみなされて、送還の対象になる人がでてきます。

この一、二年、イラン国境を越えて、歩いてトルコに入ってくるアフガニスタン人が急増しています。トルコ側は彼らのことを何と呼ぶのだろう、不法移民と言うのかなと思って新聞を見たら、トルコでは不法移民とは言わないのです。「不規則な移民」と呼んでいました。

国境を越えてアフガニスタン人が入ってくると、トルコではきれいな施設をつくってちゃんとプライバシーも保って、そこに何日か泊めて食事も提供しますけれども、帰ってもらうことにしています。せっかく来たのだから、お客さんとして遇してから、帰ってもらうということです。

扱いはかなり丁重です。すでに国内にはシリア難民が三五〇万人以上もいるのですから、新たに定住は無理ですが、それでも出て行けとは言いません。

このあたりの感覚は、すごくイスラム的なのです。

イスラムでは、困っている人が来たら、とりあえず衣食住を提供します。ふつうのお客さんでも、全く見ず知らずの人であっても、旅人として門をたたいたら、中に入れて何日かもてなしをすることがよくあります。

旅人を追い返さないのは、イスラム教徒にとって身体に染み込んでいる道徳の基本なのです。このホスピタリティは、私のようにイスラム教徒でもなければ、トルコ人でもアラブ人でもない人間に対しても、存分に発揮されます。

ここで大事なことを一つ。

イスラム教徒が「もてなし」と言うときには、一切、対価を受け取りません。相手が難民だろうとふつうの市民だろうと、商売で何かを売るときは完全にビジネス。客人として訪れるときには、衣食住のすべてに対価を求めず、もてなすのです。

日本のように「おもてなし」と称してカネを落とさせようとするのは、イスラムではひどく嫌われます。

ジャーニー・オブ・ホープ（希望への旅路）は続く

二〇一五年にトルコからギリシャ、そして陸路でドイツをめざした途方もない難民の奔流は、トルコが水際で規制を強めたため、今はだいぶ少なくなっています。

しかし、北アフリカのリビアやモロッコから船に乗って、イタリアやスペインに向かう地中海ルートの密航者は、今のところ抑止することがほとんどできていません。

トルコからエーゲ海のギリシャの島へ渡るのとちがって、はるかに広い地中海を渡っていくわけですから、密航船をみつけることもほとんど不可能です。それでも、「ＳＯＳ地中海」などＮＧＯの救援船が、いくどとなく密航船をみつけて救助しました。

しかし、地中海を渡ろうとしている密航者たちには、難民だけでなく、移民もいます。北アフリカのリビアだけでなく、チャド、ナイジェリア、コンゴ民主共和国、エリトリア、ソマリア、南スーダンなどから、たいへん多くの人が脱出して、リビアまで来て、そこで密航業者に多額のお金を渡して船に乗り込むのです。

これらの国のなかでも、南スーダンやソマリアなどは内戦や紛争が相当ひどい状態ですから、難民が多数を占めることは想像できるのですが、他の国の場合、極端な貧困を改善できる見込みがないということで、ヨーロッパをめざす人も相当いるはずです。

では、貧困から逃れようとする人は、難民か、移民か、どちらなのでしょう。

この問題には、**ひとりひとりの人生を、丹念に聴き取らないと判断できない**、という途方もない困難があります。現状では、難民と認められると手厚い保護を受ける権利が発生するので、申請する人たちは必死に、母国での悲惨な生活を訴えます。審査する側は、できるだけ公平に、しかし訴えにどこまで合理性があるのかを慎重に調べなければなりません。

この章のタイトルを「ジャーニー・オブ・ホープ」としたのには理由があります。同名の映画が、いまから三〇年ほど前に（一九九〇年）、スイス、イギリス、トルコの合作で製作されたのです。日本でも上映されました。

トルコ東部の貧しい村の家族が、貧しさから逃れようと、わずかな畑や家畜を売って偽造パスポートを業者につくってもらい、貨物船に忍び込んでイタリアまで行き、そこから他の密航者と一緒に、ミニバスに乗せられ、スイスの山中で捨てられるというストーリーです。密航業者は彼らに「スイスに着いたら『難民だ』とわめくんだ。とにかく『難民だ』と言え」と言い含めます。

雪山をやみくもに進む一行。ついに遭難してしまい、皆ばらばらに。父親は子どもを抱きかかえて、ふもとの村のお医者さんまでたどり着くのですが、そのときには、すでに子どもは凍死していました。

父親は、子どもを死なせてしまったことで、罪に問われてしまいます。ひとり病室に残された妻の絶叫で、映画は終わります。

山を越える、海を渡る、どちらもひどく危険な旅路です。

この作品は、実話に基づいて製作されたそうです。三〇年前も、今も、状況は全く変わっていません。彼らの場合、貧しさから逃れようとして自発的に国を出ようとしていますから、難民には当たりません。しかし、命を懸けて国境を越えるだけの理由があることも、否定できません。

豊かな生活を享受している私たちから見れば、お金を稼ぐために国を出る人たちは自分の意志で密航するのだから、危険な目にあっても「自己責任」だろうということになりがちです。国というものがあるのだから当然だ、と言うのでしょうか。しかし、子どもが親を選べないのと同じで、人は国を選んで生まれてくるわけではありません。

どうしようもない国に生まれてしまった人に、鎖でつながれたように、その国に留まれと命じることもできないと思うのです。

今、世界の各地で、国家の秩序というものを維持できない国が増えています。人が殺到する国の側は、壁やフェンスを作ってまで流入を阻止しようとしています。島国の日本も、こういう世界の中にあることを忘れてはいけません。

第７章

日本は難民を受け入れてきたのか？

日本の難民受け入れは？

日本の難民受け入れの数は、絶対的に少ないと言われます。

二〇一七年の難民認定申請者数は、一万九六二八人です。前年にくらべて八七二七人増加しています。

難民として認定されたのは二〇人（不服申し立て手続きで追加された一名を含む、その年の処理件数は一万一三六一人、約〇・二パーセントの認定率）、そして難民として認定されなかったものの、人道的配慮から在留を認められた人の数が四五人（いずれも法務省による）となっています。

日本の経済規模を考えれば、あまりに少ないと言わざるを得ません。

次のグラフは、難民認定申請者と難民認定者の推移ですが、申請者の数がこの数年で急増しているにもかかわらず、認定者数にはほとんど変化がありません。

同じ年のヨーロッパの状況と比べてみると、ドイツが約五三パーセント、スウェーデンが約四七パーセントなどとなっています（難民認定申請を処理した数のうち保護が認められた人の率）。

もちろん、比率が高い、低いと言っても、申請者の実数が違うので、一概に認定率だけで、受け入れに熱心かどうかを判断することはできません。

難民認定申請者数と認定者数の推移

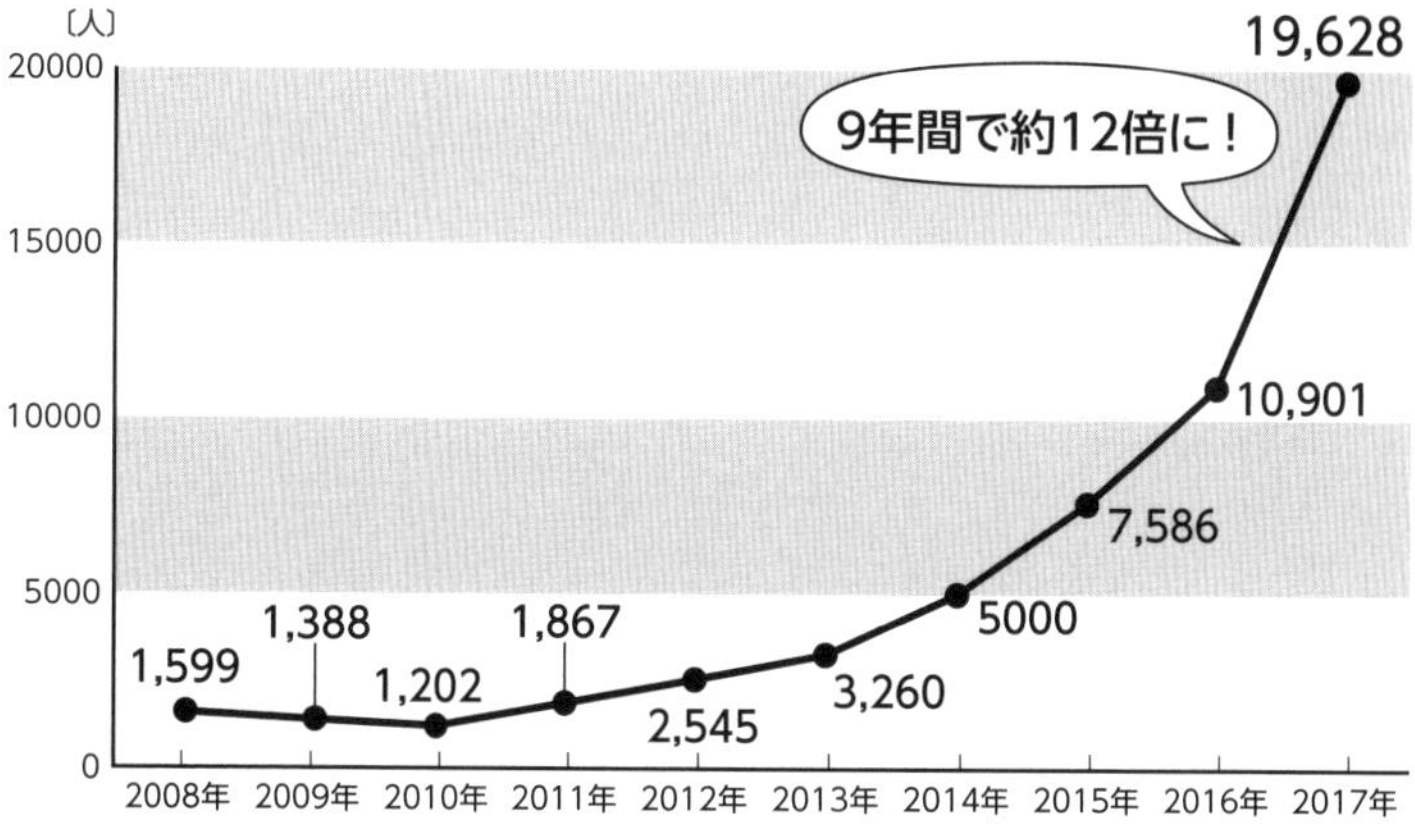

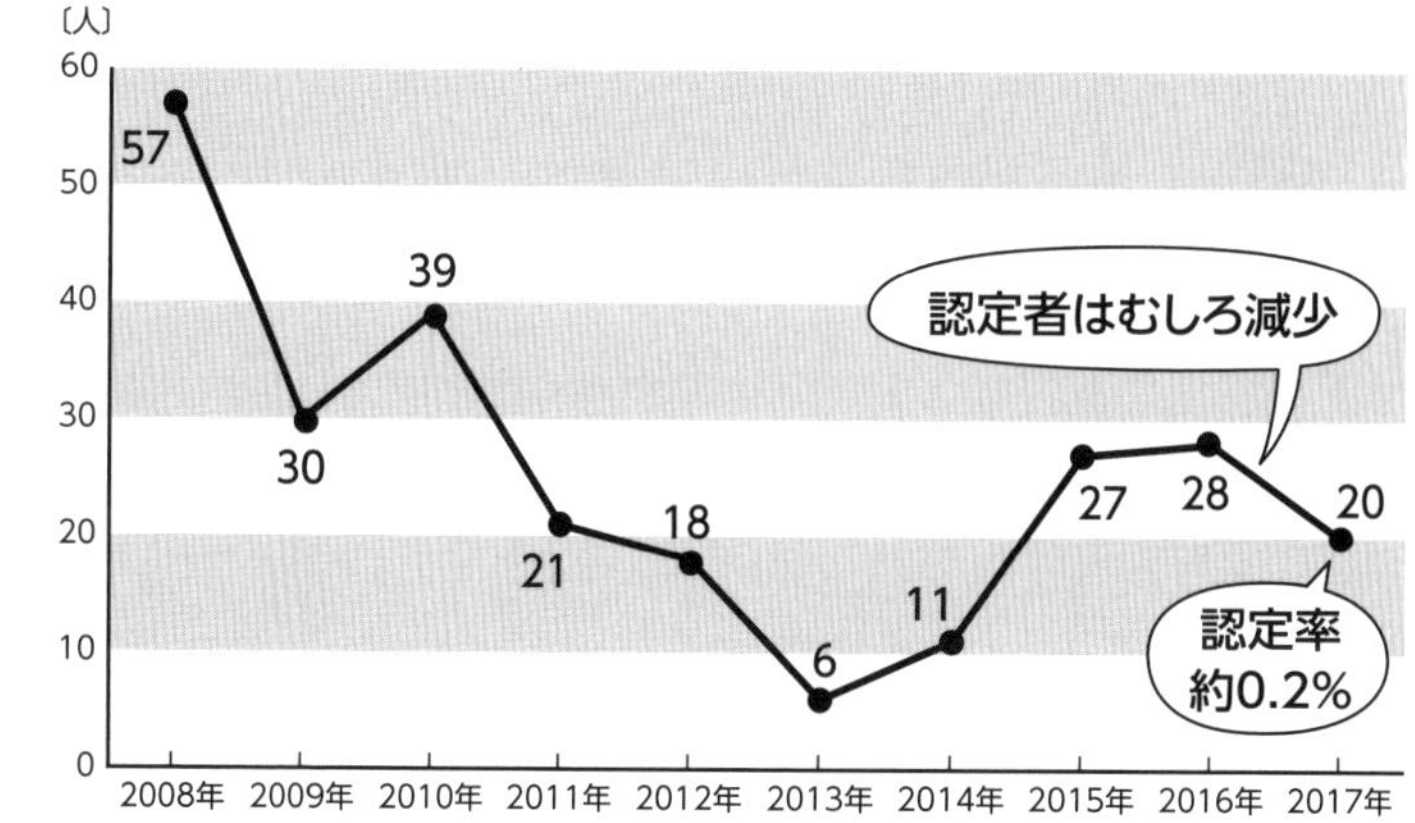

※法務省「平成29年における難民認定者数等について」より作成

それでも、この日本の状況というのは、明らかに世界の動向を反映していないことは明白です。前章でお話ししたように、二〇一〇年以降、世界では、国家の秩序が内戦などで崩壊し、とめどもなく難民が流出している国がいくつもあります。

二〇一八年、遠く離れたイエメンから脱出した人たちが、マレーシア経由で韓国の済州島《チェジュ》にたどり着いて、庇護を求めたことが話題になりました。

韓国にも、アラビア半島のイエメンから飛行機に乗って、難民申請のために人がやってくる時代、別の言い方をすれば、**秩序の崩壊が進行している時代**なのです。

それでは、日本は一貫して、難民の受け入れに背を向けてきたのかというと、必ずしもそうではありません。

一九七〇年代半ば、ヴェトナム戦争が終わった後、新たな社会主義体制での迫害を恐れた人びとが、ボートに乗って脱出を図りました。カンボジアやラオスでも、同様の事態が起きます。ボートピープルと呼ばれて、当時大変な問題となったのですが、一九七九年には日本政府が受け入れ事業を始め、二〇〇六年までのあいだに、約一万一〇〇〇人のインドシナ難民を受け入れたのです（国連難民高等弁務官事務所、「日本の難民認定手続きについて」）。

ただ、ヴェトナムでは、アメリカが支援した南ヴェトナムが戦争に敗れたわけで、アメリカとその同盟国は、社会主義の国から逃げてきた人を助けるという、政治的な意図があったことも推測できます。

つまり、政府が政策として難民の受け入れをすると決めれば、かなりの数の難民を受け入れることは可能ですし、実際、それをやったこともある、ということです。

では、なぜ今はやらないのでしょうか。

おそらく、紛争の起きているのが、日本から遠い中東からアフリカにかけての地域であること、基本的にイスラム教徒の居住地域であるため、難民を受け入れたらテロリストも混じるのではないかという先入観（偏見なのですが）がある。それに日本は紛争当事国や近隣国に多額の資金援助をしているのだから、それでいい……。

このようなことではないでしょうか。つまり、日本政府にとって、日本に難民を受け入れるということが、政策上の重要事項にはなっていないということです。

日本に来るには何が必要？

外国人が日本に入国するためには、どうすればいいのでしょうか。

まずパスポートが要ります。次に、国によっては、ビザが必要です。ビザのことを査証と言います。

学生に「皆さん、ビザって何だかわかりますか？」と訊くと、あまり答えが返ってきません。観光旅行などで外国に行くとき、多くの国で、日本人の場合はビザが必要とされていませんからね。

ビザは相手の国に入っていいですよ、という許可証です。学生として留学するなら、ふつうの入国ビザではなくて学生ビザ。働く場合には就労ビザ、日本の場合だと、仕事の内容によって「在留資格」という枠組みの中で細かく分かれることは、すでに第4章でお話しした通りです。

パスポートというのは、あなたが何者かということを、あなたの国が保証している書類です。だから外国に出かけてもいいですよ、という書類であり、入国していいよ、という書類ではありません。

「入国していいよ」という許可証がビザです。ただし、二つの国のあいだで「査証相互免除協定」、ビザは必要ない、という協定が結ばれていれば、要りません。

ビザはどの役所が出すのか、というと、相手の国の外務省です。たとえばフィリピンから日本に来る場合は、外務省の在外公館であるマニラの日本大使館の領事部というところで、ビザを発給してもらうことになります。総領事館でも発給します。

ビザをもらった人は、これで日本に行ける、と思って飛行機に乗って来ます。成田国際空港、関西国際空港など、外国からの便が到着する空港には、出入国審査（パスポート・コントロール）があります。

出入国審査のブースにいる職員は、ビザを出した外務省の職員ではありません。日本の場合、法務省入国管理局の入国審査官が審査をします。外務省がビザを発給しても、ここで入国を断られることがあります。

今の世界は日本に限らず、どこも領域性（領土）をもっている国民国家です。領域性があると同時に主権もある。

前にも、お話ししましたが、**主権・領域・国民の三つは国の三要素です**。これは譲れません。

二つの国の関係は外務省が扱うわけです、国と国のあいだで外交関係を結んで、国としての付き合い方を決めます。その国にある日本の外務省の出先機関が、条件を満たした人に日本に行くのなら許可証を発給する、それがビザ（査証）です。

どこかの国に入っていく時、国境がありますから、国の境より内側に入ることになります。その領域に誰を入れるかは、受け入れる国の主権に属すると考えます。

ビザを発行することは外交上の仕事ですから、外務省が扱いますが、他の国では国境管理はたいていの場合、内務省（日本は戦後、内務省を廃止して法務省がこの仕事をしてきました）が担当します。

日本に「来て」いいよ、というビザを出すのは外務省ですが、「入って」いいよ、と認めるのは法務省で、二つの役所の決定は一致するとは限らないのです。

ビザがあっても入国できないことがある

入国ビザをもっていても、入国できないこと（上陸拒否）があります。上陸拒否というのは、空港や港で追い返されてしまうことです。

現在、日本で上陸拒否件数の多い国は、韓国、インドネシア、トルコ、フィリピンなどです。トルコの人が成田へ着いて、「ビザをもっています、トルコは査証免除でしょう？」と言っても、「ちょっと別室へ来ていただけますか」と言われて、入れてくれないことがあるのです。

別室で、「あなたは何をしに来ましたか？」と訊かれます。

「観光に来ました」

「あなたのパスポート番号を見ると、前に日本で不法に働いて、帰国させられたことが記録に残っています。また働きに来たんですか？」

「いや、観光です」

と答えても、審査官を納得させることができないと、

「次の便でお帰りください」ということになります。

日本人は外国でめったにそういう目にあいませんから、皆さんはご存じないと思いますが。

日本が上陸を拒否する理由は、テロリストの疑いなどではなくて、ほとんどが過去に犯罪歴がある、あるいは過去に違法に働いたなど、滞在目的や滞在期間を偽《いつわ》った、というものです。

入国審査官のこの決定に不満だと主張し続けると、空港に閉じ込められてしまった男を描いた、映画の『ターミナル』（二〇〇四年）のようになりかねません。

この人たちがどうして日本に来たか、私たちは知りません。難民だったのか、それとも本当に不法に働くつもりだったのか、それとも何の悪意もない、ただの観光客だったのか、わかりません。

ただ、単に入国管理統計で上陸拒否件数として、人数が出るだけです。不満がある場合には、法務大臣に異議申し立てはできますが、日本に上陸していないので、日本の裁判所に訴えようがないのです。

日本にとってのノン・ルフールマン原則

前にもお話ししましたが、難民条約のなかに、「ノン・ルフールマン原則」というのがあります。

難民の人が逃れてきたときに、迫害の恐れがあるその人の母国や、あるいは第三国に強制送還してはならない、というルールです。

実は、この原則があるために、日本では難しい問題を引き起こしているのです。

先ほども言いましたように、二〇一七年に日本に難民申請した人は二万人近くいますが、政府が難民認定したのは二〇人しかいません。この数は少なすぎると、私も思っています。でも、申請した人たちが難民なのかどうかとなると、その判断は非常に難しいのです。

どうして難しいかというと、日本は島国なので、ヨーロッパとちがい、多くの人は空港から入国します。ということは、飛行機に乗ってきますよね。そういう人はどこから来るにしても必ず、空港でパスポートと日本のビザをチェックされることになります。

偽造パスポートで入ろうとすれば、入管法違反で上陸拒否もできるわけですが、正規のパスポートやビザをもっていたため、上陸拒否されないで入ったとする。

そこですぐに難民申請してくれればいいのですが、しばらく無許可で働いた後に申請する人がいて、そのとき、これは難民だろうかと問われても、判断が難しくなるケースが結構あるのです。

ただしこれは、日本がほとんど難民を受け入れていない一方で、人手不足のため働く場所ならみつけられるという、矛盾した状況にあることが背景にあります。

難民認定の難しさ

ノン・ルフールマン原則があるために、日本でも難民申請して却下された人は、不服を申し立てることができます。

自分は難民であると認定してもらうためには、逃れた先の国で申請しなければなりません。ただ、認定調査には時間がかかることが多いのです。

調査中は必ずしも収容所に入れられるわけではなくて、町の中で当分の間、暮らしていいですよという許可をもらう人が多くいます。その間は食べていくために、働くこともできます。

そして認定調査が終わったら、役所に呼び出されます。入国管理局に呼び出されて、「あなたの難民申請は認められませんでした」となった場合、不服申し立てをすることができます。

そして、不服申し立てをしている期間は、またその国にいることができます。ヨーロッパでも日本でも、そうなっています。

最終的に裁判で争って認められなければ、人道的配慮から在留が認められるか、あるいは強制退去ということになります。

何らかの違法な行為をしたために強制退去処分の命令（退去強制令書）が出ている人たちを収容しているのが、日本の場合は、待遇が人権侵害ではないかと批判を受けている一時収容施設です。ここに収容されている人は、在留資格に違反したとか、何らかの罪を犯して在留資格を取り消されたなどのケースだと法務省は言っています。しかし、先にお話ししたように、発展途上国から来る人たちのなかには、母国に居られない複雑な事情があったり、財産をはたいて日本に来てしまうケースがあります。

長期収容になってしまうと、それだけで彼らに対する人権侵害の疑いをもたれるでしょう。せめて、日本人の配偶者をもつ人については、それが偽装結婚でないかぎり、在留を認めても良いのではないかと、私は思います。

法は厳格に適用しなければならないと言うのならば、いないはずの単純労働者が一〇〇万人以上もいたと明かした政府の責任は、どうなるのでしょう。留学生は労働者ではないと言い続けていたのに、二〇一八年になってから、アルバイトの「資格外活動」をしている人まで「外国人労働者」に含めてしまった日本政府の対応には矛盾があります。

個々の外国人に対して入管法を厳格に適用するのが、法治国家として当然だと言うなら、日本政府がこれまで外国人労働者にとってきた現状追認は何だったのでしょう。

難民条約にノン・ルフールマン原則が盛り込まれた当時は、第二次世界大戦の記憶もなまなましい時代でしたし、世界は共産主義体制の国と自由主義体制の国とに分断されていく時代でした。

戦禍《か》を逃れて母国を脱出してくる人を送還することなどありえない、というのが共通の認識だったのでしょう。

自由のない共産主義の国を逃れてくる人を送還することも、同じようにありえないと考えられていたはずです。

しかし、現代の紛争や内戦というのは、当時とちがって、同じ国の中に暮らす異なる民族のあいだや、異なる宗教（宗派）のあいだで、起きることが多くなっています。

難民認定を申請した人の母国が、本当にその人を迫害したのか？　それを母国に問い合わせるのは意味がないばかりか、かえって申請した人の身を危険にさらしてしまいます。紛争や内戦の当事国の政府は、「自国民を迫害したりするはずはないじゃないか」と言うに決まっていますから。

難民の認定には、紛争や内戦が起きている国や地域の情勢を刻々と追って、その実態を把握するという、とほうもなく難しい作業が必要です。欧米諸国には、そのための専門の政府機関がありますし、国際情勢についてもたえず情報をアップデートするために、外務省やNGOなどとの情報共有が行われています。

残念ながら、今の日本には紛争発生国の状況を把握できる国の機関は、外務省しかありませんし、難民の認定は法務省がやるわけで、実際、限られた情報しかもっていないまま、難民申請を審査せざるをえません。

人の出入りだけ管理するのでは不十分

日本の根本的な問題は、外国から入ってくる人たちを管理する、ということしか考えていないこと。そしてそれを管理するのは、法務省の役割になっている点です。

入ってくる外国人の身分に関する法律は、現状では「出入国管理及び難民認定法」という法律しかありません。これは人が日本に入ってくる、その入り口と出口を管理する法律です。

入ってきた後、**どう処遇して、どうお付き合いするか、どういう権利を認めるかについては、何の法律の整備もされていません。**

この問題は、難民に対してだけでなく、新しく決まった外国人労働者の受け入れについても同じです。なぜなら、難民と外国人労働者は、どちらも「出入国管理及び難民認定法」の対象内としているからです。

六〇年前に外国人労働者を迎え入れたヨーロッパの国を見ると、もちろん、入国管理に関する法律はあるのですが、たとえばドイツがやったように、外国人労働者については送り出し国と受け入れ国の間で「二国間雇用双務協定」という協定を結んで、受け入れの条件について国家間で取り決めています。

その上で、滞在許可の種類、教育、社会保障などについて、個別の法律で定めています。「出入国管理及び難民認定法」しかない日本では、難民受け入れの問題だろうと、外国人労働者受け入れの問題だろうと、どちらも、**人の出入りの管理しか念頭にない**ことになってしまいます。

日本の場合、とにかく入り口が重要なのです。だから、入った後のことは全く議論されていない。政府は「共生社会の実現」ということも言っていますが、外国人との共生に何が必要かという議論もほとんどされてきませんでした。

今後は、入り口をどう管理するか。国境管理を扱う法務省の入国管理局を「出入国在留管理庁」に格上げするようですが、外国の政治情勢から文化の相違まで、詳しい情報をもたずに、それだけで外国人との共生を実現するのは難しいと思います。

このままでは、入ってきた後、その人たちがどういう生活をするか、その際に生じる問題をどうやって解決していくか……。先にも触れましたが、これらはおそらく、地方自治体に途方もない負担となっていくはずです。

第８章

外国人と仲良くなろう

人として接することの大切さ

日本で外国人労働者の話題が出ると、怖いという話か、あるいは、入れなければ人手が足りないという議論ばかりになりがちです。

何度も言いますが、**来るのは労働力ではなく、人間です。**

夢もあれば、怒りも、悲しみも、欲もある人たちです。我々とは違った価値観をもっていることもあるし、似ているところもある。

その人たちと共に暮らすことになったとき、私たちはどう接したらよいのでしょう。日本には「郷に入れば郷に従え」という言葉があります。その土地の人たちのルールに従いなさいという意味です。それを徹底して相手の人にも要求しますか？　それとも、ある程度は彼らのルールや価値観にまかせますか？

これも、すでにお話ししたように、最初に外国人労働者を入れたのは西ヨーロッパの国々ですが、そのときはやはり「労働力」を受け入れるのだと言っていました。六〇年も前のことです。

しかし、後になるにつれて、彼らが自分たちとは異なる人間であることを認めざるを得なくなり、ヨーロッパ社会は少しずつ変わっていきました。

たとえば、外国人の労働者たちが働きに来た当初、働きに来た側も受け入れた側も、「出稼ぎ」だと思っていました。母国を離れて永住するのではなく、一定期間働いたら帰るという意味です。

ですから、ヨーロッパ諸国の側は、家族のことを考えてはいませんでしたし、長く住むなら必要となる措置も講じる必要はないと思っていました。

彼らの滞在がだんだん延びていき、そのうち家族と一緒に暮らすようになったので、その国の社会に統合していく方向に舵《かじ》を切っていきました。

ただ、その反面、民族や宗教に関しては、外国人労働者や移民の側と、受け入れ社会との溝が深まっていきます。受け入れたヨーロッパ各国は、いつまで経っても彼らがヨーロッパと同じような価値観を共有しないことに、イライラしてきます。受け入れている側は自分たちが先進国で、働きに来て定住した人は「遅れた」国から来ている、という意識を変えようとしませんでした。そして遅れた国の人が、なぜ進んだ国の価値を受け入れないんだと、不満をもったのです。

特に、宗教をめぐっては、イスラム教徒が増加したことに対して、ヨーロッパ社会はどの国でも非常に苛立ち、彼らに対して、上から目線で見下すような態度をとりつづけました。

文化的な溝は、この六〇年で深まったとも言えます。

二〇一五年から一六年にかけて、イラクとシリアに生まれた「イスラム国」という急進的なイスラム組織に共鳴した若者が、ヨーロッパ各国でテロを起こします。容疑者は、だいたいその場で射殺されているので、どこまで、中東で暴れている「イスラム国」とつながりがあったのかははっきりしません。しかし、移民としてヨーロッパに渡った人たちの子や孫の世代に、何らかのかたちで「イスラム国」に理想を見ていた若者がいたのは間違いありません。

そして一〇代から二〇代の若者たちの中に、「イスラム国」に加わるためにヨーロッパを離れてイラクやシリアに行く者が現れたのです。家族はみな驚いていました。そんなことをするような子じゃないと悲嘆にくれる親の姿を、ヨーロッパのテレビは連日映していました。

ヨーロッパの政治家やジャーナリストは、すでに無数にあったモスクで、過激派に洗脳されたのだと主張しました。それもあるかもしれませんが、モスクはどの国でも、警察や情報機関によって厳重に監視されていますから、そこに足しげく通ってくる若者は、マークされていたはずです。金曜日になると、多くのイスラム教徒が集団礼拝のために集まってくるのですから、そういう場所で、激しいスローガンでアメリカやヨーロッパを非難したら、警察は警戒するはずです。

彼らは、その監視をかいくぐってトルコに行き、そこからシリアやイラクに入っているのです。

シリアやイラクには一度も行かずに、ヨーロッパでテロを起こした若者もいました。彼らに共通しているのは、インターネット経由で「イスラム国」のスローガンや主張、中東の兄弟たちがいかにひどい状況で殺されているか、そういう情報に日々接していたことです。情報技術の進化による情報のグローバル化は、思わぬところで異なる文化の溝を深めてしまったと言えるでしょう。

最後にテロという派手な暴力に打って出るところでは、「イスラム国」に関係のある人物が背中を押したことは想像に難《かた》くありません。

問題は、どうしてそんなことになっていったのかです。

彼らは日常生活では、おそらく「あなたの宗教には自由がない、女性の人権も認めない、ジハード（聖戦）の名のもとに暴力も肯定する……」こういうことを、周りから言われ続けてきたはずです。

言っているほうは意識していませんが、言われているほうは、まるで自分たちがとんでもなく野蛮な人間だと決めつけられているように感じていたでしょう。

その結果が、ここ一〇年ぐらいのあいだの、イスラム教徒移民によるテロなど、暴力として現れたのです。

もう一つ、これは多くの部分でメディアの責任ですが、何か事件が起きたときにだけ、単発的にその事件のことを書いたり、報道するので、外国人労働者は怖い、移民を受け入れると大変なことになるとみんなが思ってしまうのです。

移民が暴動を起こした、移民がテロを起こした、難民が殺人を犯した、難民と移民が集団で女性を暴行した……この種の話は、事件の部分だけが切り取られて、瞬時に世界に拡散されます。

しかし、その背景に何があったのかを知ろうとしないのでは、事件の原因をつきとめることもできませんし、再発を防ぐこともできません。

日常的に、彼らが何を食べたり、何を飲んだり、どんなことを話題にしてしゃべっているか。何に喜び、何に悲しみ、何に激しく怒っているのか。

それを知らなければなりません。そのためにできるのは、**ふだんから彼らとのコミュニケーションを絶やさないこと**だけです。

外国人犯罪とメディア

二〇一五年一二月三一日、大みそかの晩に、ドイツのケルンという町の大聖堂の前で、およそ一〇〇〇人とも言われている「北アフリカ系」の男たちによって、多数の女性が暴行された、という事件がありました。世界中で大事件として報道されました。

しかし、この事件は、その後、犯人も事件の全容も明らかになっていません。前にも触れましたが、見た目から、それも夜に「北アフリカ系」の人かどうかを判断するのは難しいはずです。

容疑者は、難民だ、難民を申請中の人物だ、といろんな説が流れました。モロッコやアルジェリア出身者だとの報道もありましたが、そうだとすると、難民である可能性は低くなります。女性に対する暴行事件を軽視しているのでは、全くありません。そういう事実があるならば、許すべからざる犯罪ですし、それは報道しなければなりません。法の裁きを受けなければいけませんが、結果的に誰が何をしたのか判然としない、というのでは恐怖だけが広がり、難民や移民に対する憎悪が増すばかりです。

最初に逮捕されたのが五人、そのあと十数人まで増えましたが、結局その後、警察の不手際や難民を受け入れすぎるからこんな事件が起きるのだ、という政治的な議論に発展したものの、誰が、どのように事件を起こしたのかは、報道の焦点から外れていきました。

それとは逆の事件も起きました。二〇〇九年、ドイツのドレスデンで、エジプト人の女性が殺されたのです。しかも、裁判所の法廷で、被告人によって。

マルワ・シェルビニさんは、夫とともにエジプトから来ていました。外国人労働者ではありません。夫はドイツ有数の研究機関であるマックス・プランク研究所で働く研究者でしたし、妻のマルワさんも薬剤師でした。彼女は敬虔なイスラム教徒で、ヒジャーブという被りもので頭部を覆っていました。

そのことで、ロシア系ドイツ人の男から罵られたのです。彼女は、男をヘイトスピーチで訴えました。被告は一審で有罪となりましたが、控訴します。その控訴審の法廷で、なんと隠し持っていたナイフで、原告のマルワさんを十数回にわたって刺して殺してしまったのです。止めに入った夫は、慌ててかけつけた警察官に誤って撃たれてしまいました。

当然、事件は大きく報道されました。エジプトでは「ヒジャーブの犠牲者」として、イスラム教徒女性が被りもののせいで殺された、と激しい反発が起きました。しかし、ドイツのメディアは、そのことよりも、なぜ被告が法廷に凶器を持ち込むことができたのか、に焦点を当てて報道していました。

それ以前から、これはドイツに限ったことではなく、ヨーロッパじゅうで起きていたのですが、スカーフやヴェールを身に着けたイスラム教徒女性へのヘイトクライム（憎悪犯罪）は、急増していました。ですから、この事件はイスラムという異文化をもつ人たちへの、ヘイトクライムの深刻さを露呈するものだったはずです。

ところが、ドイツのメディアは、特定の異文化をターゲットにしたヘイトクライムの問題としては、扱いたくなかったようです。

外国人に対する犯罪とメディアの関係について、ここには深刻な問題が隠されています。外国人が罪を犯したときには大きく報じられ、外国人が犯罪の犠牲になったときには、事の本質が隠されてしまうということです。

移民街はあぶないのか

外国人が増えると犯罪が増える、とよく言われます。しかし、正規の滞在許可で来ている人間が、犯罪に加担することは少ないのです。

正規の滞在許可をもっていても、たとえば有期限の滞在許可や無期限の滞在許可、そして永住権というように、滞在できる資格が異なっていることがあります。ふつう、受け入れ国は、段階を区切って滞在許可を出すからです。

帰化してその国の国民になれば、刑を受けても、追い出されることはありません。

しかし、永住権をもっている人の場合も、犯した罪の大きさによっては永住権を取り消すことが可能ですし、無期限の滞在許可を有期限に格下げすることもできます。有期限の滞在許可しかもたない人は、これを取り消し、国外退去させることもできます。

つまり、罪を犯して有罪になると退去させられてしまうのですから、移民や外国人労働者たちは、この点に注意して慎重になるのがふつうです。よほど事情がない限り、犯罪には向かいません。

しかし、ある地区で移民の比率が高まると、自国民のほうが出ていってしまいます。これは、ヨーロッパでもアメリカでもそうです。

移民は相対的に賃金が安いのと、滞在する国で贅沢をしようとは思わないですから、家賃を切り詰めて、あまり住環境の良くない、家賃の安い集合住宅に住む傾向があります。

逆に、もとから住んでいた、その国の人は、できれば、そこから出ていきたいと考えるようになります。

こうなってしまうと、移民や難民たちは、空間的にも、社会的にも孤立していきます。彼らも周囲の受け入れ国の人びととの関係が希薄になりますし、受け入れ国の人びとは、移民や難民が集中する地区を「移民街」だ、「怖い」地区だと思い込んで、自分から積極的に立ち入ろうとしなくなります。

移民の集中が進むと、移民に対する差別や抑圧の問題が表面化したとき、一挙に暴動に発展することがあります。

そうなるとその国の人たちにとって、移民街というのは、ますます嫌な地区ということになってしまいます。そこから、移民や難民は出ていけ、という主張が勢いをもつまで、時間はかかりません。

移民の犯罪が増えるのは、彼らがその国の社会で、平等に扱われていない場合です。少年・少女たちに将来の希望がないということがはっきりしてくると、社会に背を向けるようになります。学校からドロップアウトすると、反社会組織が麻薬の密売など犯罪行為に、彼らを誘い込むのです。

そういう仕組みになっていることが悪いのであって、もともと彼らが罪を犯しやすいというわけではありません。

ひどく不平等に扱ったり、理不尽な差別をしたり、ヘイトスピーチを浴びせたりしていれば、相手はホスト社会に対して憎しみを向けてくることになるのです。

なぜそうなるか。受け入れ国の人たちが相手を同じ人間だと思っていないからです。来るのは人間です。人間というのは欲望も怒りも、悲しみも希望ももっているのに、なぜそれを見ないのでしょうか。外国人労働者や移民が、自分たちにとってプラスなのかマイナスなのか、それを議論することは全く問題ありませんが、その上で、彼らの気持ちを考えなければなりません。

大切なのは初めの一歩

一九八〇年代後半のことです。私は当時、群馬県の太田市や大泉町で調査をしていたのですが、そこは富士重工（現ＳＵＢＡＲＵ）の企業城下町でした。本社の工場に勤めるということは、そのあたりでは、かつては名誉なことだったのです。

ところが、当時すでに若い人が集まらない、と本社でも協力工場でもみな言っていました。そうなると、外国人の労働者（当時は労働者として来たのではなく、ビザなしで来て、そのままオーバーステイした人たちでした）が働くことになる。

そのときは、バングラデシュの人が多かったのですが、彼らは九〇パーセント近くがイスラム教徒です。

小さな工場に行って、日本人のパート従業員の女性たちに話を聞いたのですが、経営者よりこの人たちのほうが、外国人労働者たちと仲良くやれるだろうなと思えるような話をしてくれました。

バングラデシュの人たちは最初、何を食べていいかわからない。イスラムでは食べてはいけないとされている豚が、何に入っているのかわからないからです。

彼女たちは、彼らと一緒に食べようと、お弁当をつくってもっていったそうです。

そうしたら、バングラデシュの人たちが、「実は豚は食べられないんです」と言ったので、彼女たちは、この人たちは豚を食べないんだ、ということを学びました。

豚が食べられないんだったら、ほかの材料でつくってくるわ、と。そして、いっしょに昼食を食べることもあったそうです。

こういう付きあい方こそ、共生に大切なのです。

彼女たちは相手が何の宗教か、そんなことはもちろん知りません。頭で勉強して、どんな人たちなのかを調べたわけでもありません。

何が食べられるのか、食べられないのかを訊いて、それに応じて付きあっただけです。でも、それこそ予断も偏見もないコミュニケーションの第一歩。そこからお付きあいが始まるのなら、問題は起きません。仮に問題が起きても、同じように相手の話を聞き、自分たちの考えを話すだけです。そうすれば、相手も、こちらとのちがいを理解します。

摩擦はどうやって起きる？

外国人労働者たちは、違う国の社会に加わるわけですから、文化のちがい、価値観のちがいというのは、当然目立ってきます。

たとえば、イスラムには、ラマダン月の断食があります。

ラマダン月というのはイスラムの暦の九月のことですが、そのひと月の間、日の出から日の入りまで、飲んだり食べたりしてはいけないことになっています。イスラムの暦は月の満ち欠けをもとにするので、毎年、ラマダン月も前にずれていきますから、陽の長い夏にあたるとなかなか大変です。

やるかやらないかはその人が決めることですが、イスラムでは断食を守ることがすごく良い行いとされているので、まじめな人はやりたいのです。

しかし、危険を伴うような作業の職場、工場で働く場合に、断食をすると、多分経営者は困ると思います。食べてくれ、と言うでしょう。

しかし、信仰の問題だから、自分はやっぱり食べたくない、となったとします。

お腹が空いて、ふらふらしている。危ないから旋盤やのこぎりの前に立たないでくれ、と経営者は言う。

そのとき、「ここは日本だ、お前の国じゃないのだから断食なんかするな」と言ってしまったら、かなりきびしい摩擦が起きるでしょう。

一方、そういう仕事から外して、別のラインにつけてあげれば、労働者の側も経営者に感謝するでしょう。

外国人労働者が日本に滞在しているあいだに、不幸にして亡くなった場合には、大きな問題が発生することがあります。

日本では遺体を火葬にします。ところが、イスラムでは、死者はいずれ世界が終末を迎えたとき、神が死者の一人一人を呼び出して、生前の善行と悪行とを天秤《てんびん》にかけ、楽園（天国）行きか、地獄行きかを決めるとされています。遺体を燃やしてしまうと、呼び出すべき身体がなくなってしまいます。それにイスラム教徒にとって遺体を燃やすというのは、火獄（地獄）のイメージそのものですから、もっとも嫌なことなのです。

ですからイスラム教徒は、インドネシアの人だろうと、トルコの人だろうと、亡くなると、そのまま土葬にします。

日本で火葬にして遺骨だけを母国に帰してしまうと、遺族はとんでもないことをされた、と怒ってしまうにちがいありません。

こういう文化のちがいや価値観のちがいについても、外国人労働者の受け入れを拡大するにあたって、知っておかなくてはいけません。

ドイツでは、トルコ人が自分たちで、この問題に取り組みました。お金を積み立てて、亡くなったときに、すぐに航空貨物で遺体を母国に搬送してもらって、できるだけ早く、ふるさとの墓地に埋葬してもらえるようにするために、互助会を立ち上げたのです。

こういう組織は、ドイツにあるモスクが中心になってつくられました。トルコ航空もこれに協力していました。

家族の写真で変わる印象

一九九〇年代に入って間もないころ、ビザなしで滞在できたイランの人たちが、毎週末になると、大勢で代々木公園や上野公園に集まっていました。そこでは日曜日になると、イラン人の床屋が出たり、ケバブを焼いたりしていました。

そして、公園に、煙がもうもうと立ち込めていて、肉を焼いている、これは社会問題だとされたのです。

このとき、彼らに話を聞きに行くゼミの学生から、イラン人とどういうふうに話をしたらいいかと訊かれたので、**「家族の写真をもっているか、訊いてみたら?」**とアドバイスしました。

彼らはまず一〇〇パーセント、間違いなく家族の写真をもっていました。

その話になる前と後とで、学生たちの印象がどう変わったか。ひげ面で、明らかに目つきのきびしいおっちゃんたちが、家族の写真をもっているか訊かれた途端に、にっこり笑って嬉しそうに、財布から写真を取り出したそうです。

それから会話に入れば、学生には何の恐怖心もなくなっている。別にふつうの人じゃないか、とわかるのです。

けれども代々木公園や上野公園で、異様な人たちがたむろしている、それをメディアが、外国人労働者がこういうところでゴミを捨てて汚している云々、と書いてしまえば、距離を縮めるのはものすごく難しくなるのです。

日本には、隣の朝鮮半島の出身者や中国の人に対して、敵意をむき出しにする人たちがいます。

今後、外国人労働者が増えたら、ヘイトスピーチの問題は、さらに激しくなるでしょう。ヘイトスピーチというのは、自分の意志では簡単に変えられないことを狙って悪口を言うことです。肌の色、国籍、民族、言語、それに宗教や文化的な伝統を理由に罵るような言動は、相手に向けた憎悪の表現であり、決して許されないことです。

ヘイトスピーチをする人には一つ共通点があって、**敵意を向けている人とコミュニケーションをとったことがない人が、かなり多いのです。**

少しでも相手のことを知っていれば、そういうことは言わなくなるのがふつうなのですが、知らないと、好き勝手な決めつけをしやすいということです。

ただ、誤解のもとになる情報を、メディアが拡散していることが多いのも事実です。マスメディアだけでなく、ＳＮＳなどによる「情報」にもたえず注意を払って、誤った情報の拡散を抑えていくことが必要です。

コミュニケーションの大切さ

外国人労働者の人たちが日本に来たら、どうやって彼らとの溝を埋めるのか。

一番大事なのは話すことでしょう。話さないことには、人間同士のコミュニケーションになりません。

しかし日本では、英語がネックになっています。

英語ができない。

英語を勉強しろという意味で言っているのではなくて、コミュニケーションのツールとして、**「相手のことを考えて話す」というトレーニングをしないことが問題なのです。**

試験英語、入試英語というのは、何が英語として正解で何が間違いかを教えるところに重点があります。英語は日本語のつくりとは全くちがいますし、非常に論理的な言葉ですから、その「つくり」を正確に学ぶには、文法を軽く見てはいけません。

他方で、最近は使える英語を学べということが強調されていて、ネイティブ・スピーカーの先生を動員して、会話を重視しています。それも間違いではありません。

問題は、生徒にとって、英語教育というのが○か×かになっていることなのです。

会話について言えば、アメリカやイギリスや、オーストラリア、カナダで使われている発音や表現が正しいのだから、それを覚えなさい、と英語の先生は強調し過ぎます。

今や、英語はたしかに世界の共通言語ですが、英語を母語としない人、つまりネイティブではない人も、英語を使っています。

高度な話、専門的な話をするなら、今の日本のやり方での英語教育が必要なのはわかりますが、もっと簡単に表現する、英語が苦手な人同士で会話するときに、どうしたらうまく意思を疎通することができるかという観点が、そこから完全に抜け落ちています。

すでに多くの国から観光客が日本を訪れていますが、英語のできない人はいくらでもいます。私は京都に住んでいるので、時々、道を訊かれることがありますが、相手のほうがこちらより英語ができないことなど珍しくありません。身振り手振りも混ぜながら、できるだけ相手の知っていそうな単語だけで説明するには、どうすればいいのだろうと考えてしまいます。

英語は日本語とつくりがちがうのだから、英語なんかできなくてあたりまえ、そのくらいの気持ちで英語に接して、片言でいいから話すように、学校教育の現場が少し力を入れてはどうでしょうか。

先日、ある中学校に呼ばれて、世界とどう付きあっていくか、という話をしました。子どもたちに「英語は好き？」と訊いたら、ほぼ八割が、嫌いと手を挙げました。

何で嫌いなのか質問すると、「意味わかんなーい」という答えでした。なんで英語を勉強しろと言われているのか、生徒たちは意味がわからないという、実に正直な答えが返ってきました。

英語をやれというなら、やる意味がわかるようにしなければいけません。

なんのために、外国の人とどういう付きあい方をするために、言葉を学ぶことが必要なのかを知らされないままに、ただ外国語を勉強しろと強制されるなら、「意味わかんなーい」のも当然です。

「発音について、いろいろ言われた？」みんな、言われたと言います。

「LとRの発音の区別って言われた？」

「言われた」

「わかる？」

「わかんない」

LとRの発音の区別なんて、日本語にはないのですから、とりあえずカタカナのラリルレロでいいじゃないですか。単語がわかれば通じるのですから。

正しい発音って何？

数年前、スコットランドの北にある、アバディーンという町の大学に客員教授として滞在したことがあります。スコットランドも英国の一部です。

ちょっとした衝撃だったのですが、アバディーンの町のスーパーに行くと、レジの人が「サンキュー・ヴェリィ・マッチ」って言っているのです。Rの音を日本語のカタカナの「リ」のように発音したので、インド系の人かな、と最初思ったのですが、スコットランド人でした。「ヴェリィ・マッチって言うの？」と訊いたら、「うん、この辺はそうだ」と言います。

インドやパキスタンの英語もそうです。Rの音はアメリカの巻き舌じゃないのです。そしてインドの人は「タンキュー・ヴェリィ・マッチ」と発音すると話したら、先ほどの中学生たちはびっくりしていました。

日本語にはLとRの区別がないのだから、わからないのがあたりまえです。それに、世界には、英語を話していても、Rを舌を巻かずに発音する地域は他にもあるんですよと言ったら、そこで話をちゃんと聞きだしたのです。

発音のちがいを学ぶのも大切ですが、多分、音がちがってても通じるという自信をもってもらうことも、大切だと思います。

学校では、その言葉で何が必要かということの本質を伝える前に、ネイティブの発音、ネイティブの表現を教えます。

「自己紹介でマイ・ネーム・イズなになにと言うのは、イケてない英語です」。これは、大人に対して、よく英会話学校の教師が脅《おど》すときに使う例です。それで意味が通じないというのなら困りますが、そんなことはありません。

日本はそういう脅しのような英語教育でしか、外国との交流をやってこなかった。

日本語は孤立した言葉だと言われてきましたが、文法的には、日本語と似たつくりの言葉だって、たくさんあります。

日本からはずいぶん遠い国ですが、トルコ語も似ています。

日本語と文法構造が合わないのは、英語やドイツ語やフランス語のような、ヨーロッパの多くの言語のほうで、主語の次にすぐ動詞が来るでしょう。日本語では動詞は最後に来ます。

日本語には「てにをは」が付くけれど、英語の先生は、世界には「てにをは」の付く言葉が、他にもたくさんある、ということは教えてくれません。トルコ語には「てにをは」があります。

前置詞はありません。動詞は最後に来ます。

主語が来て、目的語が来て、最後に動詞が来る。そういう言葉はたくさんあるのです。そういうことは何も学ばずに、いきなり、英語ができないとダメなんだというような教え方をしてきたのが、大きな間違いなのです。

外国語を学ぶわけ

日本では、どこの町や村へ行っても、特産物がありますよね。売るときに、外国の人にどうやってこのおいしさを伝えるか。そういう生活レベルで、外国語を使えたら良いよね、と中学生たちに話したら、今度はみんなうなずいていました。

たとえば、特産物を外国に輸出しようとすれば、メールや書類を書かなければいけない。英語で書くんだよ。いちいち訳してもらったらお金かかるよ、と説明すると、みんな英語が必要だと理解します。

地方の小都市の工場や農園に、外国の人が仕事をしに来たら、子どもたちが中心になって、コミュニケーションをとる機会をつくったら良いと思います。

エスニックフードがこれだけ流行ったのは、料理に言葉は要らないからです。これはおいしい、と思うから食べる。けれども、おいしかったということを伝えるには言葉が必要です。言葉でコミュニケーションをとらないと、相手に対する不安は消えません。

今の世界では、イスラム教徒とかアフガニスタンの人というと、銃を持って騒いでいる、というイメージが、どうしてもつきまといます。

何年か前に、勤務している同志社大学にアフガニスタンの人たちを招きました。あのタリバンも代表団を送ってきました。会議の後、みんなで京都の家電量販店に行って、お孫さんたちへの土産を買ったそうです。ひげ面《づら》の怖そうな人たちが、孫のためにおもちゃを選んでいる。私たちが知るべき素顔は、そういう普段の人の表情なのです。ニュースで取り上げられるのは、激しく怒っていたり、絶望に打ちひしがれていたりする人の姿ばかりです。しかし、人間は、いつもそんな表情でいるわけではありません。

知るチャンスはいろいろあるのに、それを閉ざしてしまって、コミュニケーションをとろうとしなければ、恐怖や反感ばかりが増幅されていくことになります。

日本人の中学生には、世界中には君たちより英語が下手な人もいるんだよ、と言うことも大切です。

今、日本の学校には、アメリカ人やオーストラリア人など、ネイティブの教員が配置されていて、その真似《まね》をしろと言われます。子どもたちの前には、いつでも自分より英語の上手《うま》い先生がいるわけです。上手い人に習うことも必要ですが、それではずっと、「自分は下手《へた》だ」というコンプレックスから抜け出せません。

自分より下手だけど、この人の言いたいのはこういうことなのかな、と察する。そういうふうに接するチャンスを、教育の中でつくっていくことは、異文化との共生にとって不可欠です。

外国人労働者の人たちが来たときも、同じことです。

どんな人たちなんだろう。何が好きなのかな。何が嫌いなのかな。そういう、人間としてごくあたりまえのことを知ろうとしなかったら、溝は一気に深まっていきます。

治安が悪くなるから嫌だ、これは嫌、あれは嫌、でも安い労働力は要るという、そんな身勝手な対応では、彼らと共に生活することはできません。

結局、日本は、国を固い殻で包んでいるところで止まってしまうのです。外から入ってくる人を、入れてやるのかやらないのかという観点でしか見ていません。

誤解というものは、そう簡単にはなくなりませんが、誤解が憎しみにならないようにやっていこうとする人こそ、グローバルな視点をもった人だと私は思います。

人間としてやってはいけないこと

ここまでお話ししてきたように、日本も、「出入国管理及び難民認定法」の改定案が国会を通過したので、二〇一九年四月から外国人労働者の受け入れ拡大をはじめることになりました。一層多くの、異なる文化を背負った人たちを迎えることになります。最後に、こういう劇的な変化に際して、決してしてはならないことを書いておきたいと思います。

言葉で表現するなら、単純なことです。

人間としての尊厳を傷つけることだけはしてはいけません。

人種による差別、国籍や民族による差別は、一切の理屈抜きに、してはならないことです。人種の違いによって人間に優劣をつける考え方は、ヨーロッパで生まれたものですが、一九世紀には世界に広がってしまいました。

民族による差別も、力の強い国が弱い地域の人たちを支配するために使われました。日本もアジアに対してこれを使いました。自分の国を誇ることが悪いと言っているのではありません。自分の国や民族を誇るために、他の国や民族を貶《おとし》めることが悪いのです。

さらに、外国から人間が入ってきて日本の社会に加わるということは、日本人がある程度共通してもっている価値観とは、異なる人が入ってくるということです。

ここは日本なのだから、日本の価値に従えということは、ある程度まで言うことはできます。

すでに、外国人が増えると起きるだろうと言われている問題のなかには、公共の場でのマナーやルールに関することが含まれていますが、これらについては、従ってもらうことに問題はありません。

しかし、ルールを理解しないことが、場合によると、文化のちがい、宗教のちがいに由来していることもあります。先に挙げた火葬の例などは、その典型です。

こういうときには、私たちの側にも注意が必要なのです。どうして、日本人とはちがう考え方をするのか。一度、立ち止まって、相手に訊かなければなりません。ここで**相手に訊いてみるというプロセスを省いてしまうと、溝は深まっていきます**。

もう一つ例を挙げます。イスラム教徒の人たちは、家族以外の異性に肌を見せることにひどく抵抗があります。成人女性が成人男性に見せることは、ほとんどタブーと言ってよいほどです。

問題が起きるのは、病気になったときです。女性の医師を探して診察してもらうことができればよいのですが、病院となると、必ずしも希望どおりにはならないでしょう。そういうときに、彼女たちは男性の医師では嫌だと主張します。

ここは日本なのだから、好き嫌いを言ってはいけない、と言うことはできます。しかしそれを言った場合、イスラム教徒の女性は、医者に行くことをやめてしまう可能性があります。大都市なら、女性医師を探すことは難しくないでしょうが、地方の町や医師の少ない地域だと、この問題はすぐに出てきます。

「嫌なら医者に来るな」と言ってしまえば、イスラムという宗教の教えに従う女性（場合によっては男性もです）に、大変な苦痛を強いることになります。人間としての尊厳が傷つけられたように感じます。

外国人との共生について、もっとも難しいのは、この文化や宗教的な価値にかかわるところです。

同化主義と多文化主義

異なる背景をもつ人と一緒に暮らすとき、大きく分けると、同化主義の強い国と多文化主義を制度として認める国があります。

同化主義というのは、ごく簡単に言ってしまえば「郷に入っては郷に従え」ということです。どの国でも、この考え方はあるのですが、ドイツ、フランスや日本の場合は、特に強い傾向があります。

同化主義を強めると、かならず異文化をもつ人たちからの反発が起きます。外国人や移民の価値観を否定してしまうと、激しい衝突の原因になります。価値観のもとには、宗教がかかわっていることが多いことも、忘れてはいけません。

ここはキリスト教の国なのだからイスラムは邪魔だ（ドイツの例）、この国では公共の場で宗教を出してはいけない（フランスの例）のだから、イスラム的な服装をして外に出てくるな、というようなケースです。

一方、多文化主義の国というのは、自分たちの文化を維持したまま暮らしてかまわないということを、制度として認めている国のことです。アメリカやカナダ、イギリスやオランダはその典型です。イスラム教徒はイスラム教徒らしい服装をしようとお祈りをしようと自由です、ヒンドゥー教徒も自由です、同じように、無神論の人も神を否定する自由があります、というように、自分の重視する価値に従って生きる自由を保障する制度です。

多文化の共生のためには、一見すると良さそうなのですが、現実の移民問題では、これが別の問題を引き起こします。

自分たちと同じ文化、同じ宗教をもつ人が集まって暮らしたほうが楽だと考える人が多いので、ある町の中に、イスラム教徒の街や中国人の街ができてくるのです。同郷の人たちを相手にする商売も移民街で盛んになってきます。受け入れる社会のほうも、なるべくなら同じ文化をもつ人たちで暮らしたいので、どうぞ移民街をつくって暮らして下さいと勧めます。

これが行き過ぎると、**移民の人たちが孤立して、外の社会と接点をもたずに生きていくこと**になってしまいます。そして、多文化主義を採用している国というのは、異文化の人たちにも同じ権利を認めることはしても、互いをよく知ろうという相互理解を前提にはしていないことが多いのです。そのため、何かのきっかけで異文化に対して恐怖や憎悪を抱くと、一挙に溝が深まってしまいます。

同化主義も多文化主義も、異なる背景をもつ人びとと共に生きる上で、唯一の正解にはなりません。

ではどうすれば良いのでしょう。一つの答えとして、私の提案は、どこまでは自分たちの価値観に従えと言えるのか、どこから先は彼らの自由にまかせるのか、一種の約束をすることです。一度に決めなくてもいいのです。外国人の場合も、長く滞在しているあいだに価値観が変わっていくこともあります。ただ、受け入れ社会のほうに近づくか、背を向ける方向に行ってしまうかは、相互関係次第です。

イスラム教徒の女性が男性医師の診察を拒むという話で言えば、そのために病気が悪化していいかというなら、ここで私たちは踏みとどまるべきだと思うのです。

それはダメだ、診察を受けなさいと。

異性に肌を見せることがイスラムで禁じられているのはわかりますが、それなら、医師と患者が二人にならないよう、女性の親族か知人を診察に同席させるからと言って、受診するよう求めるのです。

それをも拒む可能性はありますが、治療を受けないことによって病気が悪化し、重篤《じゅうとく》な事態に陥ることは認めない、とこちらの一線を示すことです。医者に行かせる責任は、当面は雇用主や技能実習の実習先企業、あるいは監理団体にあることは言うまでもありません。

日本では、外国人が健康保険を使い過ぎるのではないかと、相変わらず日本側の心配ばかりしていますが、これはおかしなことです。健康を維持すること、病気を治療してもらうことは、彼らを人として受け入れるために、絶対の条件です。

中学校などで制服規定があっても、イスラム教徒の女性がスカーフやヴェールを被って登校してくるのは、時間の問題でしょう。

これは認める必要があります。異性の前では、髪の毛は覆い隠すべき「恥部」と見るのがイスラムの教えなのです。被っているからといって、授業を受けられないわけではない。制服による規律や和を乱すことよりも、個人としての尊厳を守るという一線を、ここでは引くのです。

同様に、学校給食の場合、イスラム教徒に食べられない食材となるのは豚肉と豚肉の加工製品（ハム、ベーコン、ゼラチン、ラードなど）です。世界には、学校では皆で同じものを給食で食べる習慣をもつ国は少ないので、日本の学校給食の文化はなかなか理解されません。

給食から、豚と豚由来の材料を抜いてしまい、鶏肉、牛肉などに替える、あるいは毎週の献立表を事前に渡して、献立によっては、その日は家でつくってお弁当にしてもたせるか、どちらかにする。そこは生徒の親と学校とのあいだで話し合ったうえで約束をすればよいでしょう。

外国人と仲良くするための10のヒント

最後に、いずれ日本人が経験することになる外国人との共生について、仲良くしていくためのヒントを書いておきます。

1．その人の国や社会が批判されている問題について話すときは、批判している側とそれに反論している側の両方の意見を聴くこと。片方しか知らずに口にしてはいけない。

これは、今の世界で外国人との共生を一番難しくしている問題です。日本の報道も欧米諸国の報道もそうですが、非西欧世界、つまりアジア、中東、アフリカなどのことについては、えっ、と驚くほど一つの国を一方的に非難していることが多いのです。本書でも触れたイスラムに関する批判など、西欧世界の側はあまりに無知で、何世紀にもわたって自分たちの偏見に気づかないまま、相手を批判していることが、いくらでもあります。

言われるほうにしてみると、答えるのも面倒ですし、偏見にさらされていると思うと、それ以上、コミュニケーションを取ろうとしなくなります。

2. あるものを食べない、飲まない人たちに、「どうして？」としつこく尋ねない。

食べない理由が宗教から来ている場合、その宗教がどうしてそう決めたかをいちいち尋ねられても答えられません。イスラムの場合、聖典『コーラン』で禁止となっていれば、それは神が決めたことで、人間がその理由を詮索することはできません。

逆も同じです。あるものを食べることが、他の人には奇異なこと、異常なことに見えることもあります。

どうしてそんなものを食べるの？　と言われてもたいていの場合、伝統だから、としか答えようがありませんし、せっかくの食事が気まずいものになってしまいますよね。

3.「○○人て◎◎だよねぇ」というような単純な評価を口にしない。

ある国の人やある民族に属する人が、同じように××だったり□□だったりすることなどあり得ません。このあたりまえのことを理解していないと、自分のもっているイメージとちがって良い感じだったりすると「△△さんて○○人に似合わず◎◎だね」などと言ったりしますが、言われているほうはひどく不快な場合が多いものです。

肌の色、民族、宗教、言語、性的指向のように、自分の意志で簡単に選択できないものを悪く言ったり侮辱したりするのは、ヘイトクライムに当たります。口にすることをヘイトスピーチと言います。

4.仕事が終わった後に、飲み会や食事会に誘わない。

誘われて喜ぶ人もいますから一概《いちがい》には言えませんが、日本人と同じことで、仕事を終えてまで職場の人間と付きあいたくない人は、いくらでもいます。日本に来て間もない人たちは、仕事場での日本語の会話に疲れていて、仕事が終わったら同じ国の友人や家族と話したいでしょう。

それに、世界には、家族の絆《きずな》を重んじる人も多いので、仕事が終わってからも職場の人間と集まる日本の光景は、理解できない人も多いのです。

5．血液型性格診断の話題をふらない。

日本人がよく話題にする血液型と性格の関係。あれは外国人には、そもそも理解できませせん。知らない人も多いはずです。

それに、日本で他人の血液型を話題にしているとき、その人の性格をほめることはまずありません。ちょっとしたネタのつもりで話していても、結果的には貶《おとし》めるために話題にしているはずですから、差別と受け取られるだけです。血液型も自分で選べるものではありませんから「Aさん、△型だから、ああなんだよねえ」とからかったりするのも、一つの差別になることに気をつける必要があります。もとより、血液型と性格には何の関係もありません。

6. ルールに反した行為をしている人に注意するとき「だから○○人はダメなんだ」「○○人てこうだからねえ」と言わない。

ルール違反は、その行為を注意すれば済むこと。とかく、より広い属性と結びつけて非難しようとするのは、洋の東西を問いませんが、無駄な反目を生むだけです。そもそも、○○人が皆、ゴミ出しのルールを守らないわけでも、大騒ぎするわけでもありません。

7. 「△△さんは○○の人には珍しく、日本のことがわかってるよね」と、序列をつけない。

これは一見あたりまえのことですが、わりと頻繁に耳にする言葉です。肌の色、民族、出身国、そして信じている宗教などの属性を低く見ている人が、よく使います。目の前の、その国の人を高く評価したつもりで言っているのかもしれませんが、無自覚な差別意識、上から目線でほめられても、言われた人は嫌な思いをするだけです。

8. 相手の文化について、聞きかじった程度で理解しているふりをしない。

相手の文化や価値観に無知なのも困りますが、中途半端に知っていて、「お為《ため》ごかし」に自分はわかっているという態度をとるのは、逆にやられてみればわかりますが、不快なものです。日本人と見ると、両手を合わせておじぎする外国人、昔はよくいましたが、あまり気持ちのいいものではないですよね。

最近では、イスラム教徒について「ハラール」の食事しかとらないという話が日本でも知られています。ハラールというのは「神によって」許されている、つまり、食べることのできるものや、やってもいい行為を指しますが、そんなこと、イスラム教徒でない人間が忖度《そんたく》できるはずはありません。信者が神との関係で、ハラールかどうかを考えればよいことです。

ハラール認証などといって、お金を払って講習を受け認証をとろうとする人が増えていますが、イスラム教徒から見ると胡散臭《うさん》いものと受け取られることがあります。信者でもない人間が「これはハラールだから安心して食べて」などと言っても相手が真《ま》に受けないことは、よくあるのです。そんな知ったかぶりをするより、この料理の材料は何で、どうやって作ったか、特に豚は入っているか、お酒を使ったかなどをはっきりと説明するだけでいいのです。食べるか食べないかは、信者本人が決めることですから。

9．西欧の世界がアジアやアフリカに対して抱いている差別意識を、私たち自身が、アジアやアフリカの人に対して向けない。

人権や民主主義のように、「普遍的」だと信じられている価値は、近代以降の西欧世界で生まれています。日本は、明治以降、そういうものを身につけていきました。身につけると、今度は、自分たちの周囲で身につけていない人を、ばかにすることがよくあります。これから、アジアやアフリカの人びとも、私たちの身のまわりに増えていくでしょう。そのときに、「なんだ、こんなこともわからないのか」、「いまだに、そんな遅れた価値観をもっているのか」という態度で接するのは誤りです。

こういう態度は、自分が西欧の価値観やライフスタイルを身につけていると鼻にかけるようなもので、何の意味もないばかりか、非西欧世界の人たちとの共生を破壊してしまうだけです。

10. 人間も社会も「進歩するものだ」と思い込まないこと。

これも9と関係しているのですが、人間や社会が時代と共に変化するとき、それを「進歩」だと信じてきたのは、西欧世界の特徴です。日本のように西欧化を進めた国も、それにならってきましたが、世界には、人間や社会が「進歩」するものとは考えていない人たちもいます。宗教に由来する価値観など、その典型です。西欧世界では近代化と並行して、キリスト教の価値観から離れていく人が増えました。「無神論」と言って、積極的に神を否定する人もいます。しかし、世界のどこでも、こういう考え方が一般的なわけではありません。神を否定することは、人間をやめるということに等しいと思ってしまう人たちもいるのです。時代とともに、かつては罪とされたことが罪ではなくなることも、西欧世界や日本ではよくあります。しかし、これもどこでも通用する考え方ではないのです。日本に来た人が、仮に、今の日本では通用しなくなった「古い価値観」をもっていたとして、「遅れた人間」扱いしてしまうと、私たちの価値を上から押し付けることになりかねません。

これも共生を困難にする原因です。

おわりに

集英社学芸編集部の長谷川浩氏から、難民についての本を書くよう提案されたのは、二〇一五年にヨーロッパが「難民危機」に見舞われた後のことでした。それから二〇一九年はじめの現在まで、世界のあちこちで紛争や内戦によって、母国から逃れる人びとの奔流は果てしなく続いています。世界を構成している国家が崩壊に向かっている過程は、前著『限界の現代史』（集英社新書）で書きましたが、国家の崩壊によって母国を離れる、途方もない数の人を生み出しています。

ヨーロッパでは、これ以上難民を受け入れることはできない、という不満が高まりましたが、不満の矛先《ほこさき》は、その地域ですでに半世紀も暮らしている移民の人たちにも向けられています。

不満の高まりを受けて、排外主義を叫ぶポピュリスト政党があいついで誕生し、いくつかの国では強い影響力をもつに至りました。一九九〇年代には移民大陸とまでよばれていたヨーロッパが、これほど「異質」な背景をもつ人びとを排除する方向に向かうとは、思ってもみませんでした。寛容と多様性を謳《うた》ってきたEUは、その理念を失いつつあります。そればかりか、国境を越える人びとを排除しようとする動きは、移民でできているはずの国、アメリカにも及んでいます。

人びとの移動は、内戦や紛争で破綻した国や極端に貧しい国から、安全で豊かな先進国への流ればかりではありません。両者の中間にある国々にも、もっときびしい状況の国から流入する人たちがいて、他方、もっと豊かな生活を夢見て、その国から流出する人たちもいます。

いまや、国境を越える人の移動は、グローバルになっており、どの国もこの動きから無縁でいることはできなくなっています。

そんななか、日本では、政府が外国人労働者に門戸を開放すると宣言して、「出入国管理及び難民認定法」を改定してしまいました。他の国から来る人びとを規制しようという世界の動きとは、正反対の決定をしたことになります。

しかし、日本では、異質な文化的背景をもつ人びとを受け入れる準備が、ほとんどできていません。それどころか、外国人労働者、移民、難民とは誰のことを指すのかさえ、よくわからないという状況です。この本は、そこを整理するところから始めました。

外国人労働者、移民、難民のちがいを強調しようというのではありません。今の世界では、誰であっても、自分が生まれ育った国にずっと住み続けるとは限りません。国家の領域というものが、もはや絶対の壁ではなくなっている時代のなかで、どうしたら、異なる価値や文化的背景をもつ人たちと仲良くやっていけるのか、あるいは、仲良くとまではいかなくても衝突を防ぐことができるのか。

この本の目的は、そのための素材を提供することにあります。中東・イスラム地域の研究をしてきた私がこのような本を書いたのは、中東からヨーロッパに渡った移民たちの問題を研究してきたからです。私は国家を越え、地域を越えて移動する人間が、どのような世界を形づくっていくのかを過去三〇年にわたって見てきました。

ヨーロッパだけではありません。一九八〇年代の後半には、アジアのイスラム圏から日本に来た労働者がたくさんいたのです。国境線という目に見えない障壁を越えて人が動くということが、世界にどのような影響を与えることになるのかを考え続けてきたことを、この本には書きました。

そのため、結果的に当初の目的から離れて、外国人労働者、移民、難民という国境を越える人の移動の全体像を描くという、難しい課題に挑戦することになりました。編集者の長谷川氏には、多岐にわたる内容をわかりやすく書き、表現するために、多くのアドバイスをいただきました。記して感謝の意を表します。

なお、この本を執筆するにあたってトルコで行った調査では、（公財）平和中島財団の「アジア地域重点学術研究助成」（二〇一八年度）を受けました。

二〇一九年二月一八日

内藤正典

著者紹介

内藤正典《ないとうまさのり》

同志社大学大学院グローバル・スタディーズ研究科教授。1956年生まれ。東京大学教養学部教養学科科学史・科学哲学分科卒業。博士（社会学）。一橋大学教授を経て同志社大学大学院グローバル・スタディーズ研究科教授。専門は多文化共生論、現代イスラーム地域研究、西洋とイスラームの相関文明論。著書に『トルコ 中東情勢のカギをにぎる国』（集英社）、『限界の現代史 イスラームが破壊する欺瞞の世界秩序』『イスラム戦争　中東崩壊と欧米の敗北』『イスラムの怒り』（以上集英社新書）、『ヨーロッパとイスラーム――共生は可能か』（岩波新書）、『となりのイスラム』（ミシマ社）など。

装丁　坂川朱音（朱猫堂）

本文デザイン　坂川朱音＋田中斐子（朱猫堂）

装画　髙柳浩太郎

地図・表・グラフ制作　株式会社ウエイド

※クレジットのない写真は著者撮影です。

外国人労働者《がいこくじんろうどうしゃ》・移民《いみん》・難民《なんみん》ってだれのこと？

2019年3月31日　第一刷発行

2019年7月16日　第三刷発行

著　者　内藤正典《ないとうまさのり》

発行者　茨木政彦

発行所　株式会社　集英社

〒101-8050 東京都千代田区一ツ橋2-5-10

電話　編集部 03-3230-6141

読者係 03-3230-6080

販売部 03-3230-6393（書店専用）

印刷所　大日本印刷株式会社

製本所　株式会社ブックアート

ISBN978-4-08-781672-3 C0036